基礎からの
経営戦略論

見吉 英彦 編集

みらい

執筆者一覧

●**編集**

見吉　英彦　十文字学園女子大学

●**執筆者**（五十音順）

相澤鈴之助　秀明大学 ———————————————————————— 第3章・第4章

梅田　勝利　周南公立大学 ————————————————————————— 第12章

岡村　龍輝　明海大学 —————————————————————————————— 第8章

工藤　周平　石巻専修大学 ——————————————————————————— 第7章

小林　麻美　富士大学 ———————————————————————————— 第13章

酒井　康之　帝京大学 —————————————————————————————— 第9章

中園　宏幸　広島修道大学 ——————————————————————————— 第10章

新津　泰昭　武蔵野大学 ———————————————————————————— 第6章

樋口　大輔　東京情報大学 ——————————————————————————— 第11章

真木　圭亮　九州産業大学 ——————————————————————————— 第5章

見吉　英彦　十文字学園女子大学 ————————————————— 序章・第1章

横澤　幸宏　岡山商科大学 ——————————————————————————— 第2章

はじめに

　本書は、大学 1・2 年次で「経営学」の基礎的な内容を理解した方が、より専門的な内容である「経営戦略論」を学ぶためのテキストです。本書では、実際の事例などを織り交ぜながら、理論や学説の内容を深く理解できるように、そして自らがより深く考えることができるように、その構成を工夫しております。

　その工夫の一つとして、本書では、各章の冒頭で大学の先生と学生がその章のテーマや学ぶべき内容について会話形式で説明しています。章の冒頭部分を会話形式にし、その内容をきっかけに読者自身がさまざまに考えたうえで学びを進めることができれば、より深い理解につながるのではないかと考え、このような構成にしています。

　もう一つの特徴として、1 つの章を 1 名の先生が担当する形で書かれています。執筆者間で調整し、一定の共通理解のもとに執筆されていますが、各章において執筆者の先生の個性がしっかりと現れているものとなっています。特に、各章で用いられている事例は多岐にわたるものとなっており、非常に興味深く、面白いものとなっています。

　本書を発刊するにあたっては、多くの方々に多大なご協力を賜りました。まず、この企画に賛同し、ご多忙のなかでも熱意を持って執筆いただいた先生方に心より御礼申し上げます。また、私と同じ職場の先生方にも、より良い書籍にするための貴重なご意見をいただきました。さらに、私の妻には企業で働いている立場からの気付きや意見をもらいました。そして、本書と同シリーズである『基礎からの経営学』に引き続き、株式会社みらいの西尾敦氏には、各執筆担当者との調整や内容に関する貴重な指摘・意見等を積極的に挙げていただきました。改めて深謝の意を表したいと思います。

　最後になりますが、本書が一人でも多くの方に読まれ、読者の「経営戦略論」への興味・関心が増すきっかけとなれば幸いです。そして、本書が長きにわたり愛されることを願っております。

　2024年 2 月

編者　見吉 英彦

本書の使い方

　「はじめに」にも記した通り、本書では、各章の冒頭に大学の先生（T先生）と学生（A君）が会話をする形で、その章のテーマや学ぶ内容を説明しています。経営戦略論は、難しい内容になるにつれて説明すべき項目が多くなるため、どうしても教員による一方的な講義になりがちです。それを解消することを目的として、また読者の方々が少しでも興味・関心を持って学びを進めることができるよう、このような構成にしています。

　T先生、A君のそれぞれの設定は以下の通りです。

　T先生は、大手コンサルティング会社にてベンチャー企業支援業務に従事した後、アメリカの大学院でMBAを取得し、帰国後、コンサルティング会社を起業して、ベンチャー企業や中小企業を中心にコンサルティングを行っています。また、客員教授としてA君が通う大学で教鞭をとっています。気さくな人柄で学生にも人気です。年齢は48歳です。

　A君は都内の大学の経営学部に所属する2年生です。明るい性格で、間違いを恐れず自分の意見や考えを言います。大学で「経営戦略論」を一番学びたいと思っており、講義を楽しみにしています。

　T先生とA君の会話の最後には「問い（Qと表記）」を設けています。これは各章の内容に関連するものとなっています。この問いを事前学習や講義内でのグループディスカッションなどで活用していただければと考えております。

　また、各章末には「演習問題」と「コラム」を設けてあります。「演習問題」は穴埋め形式が3問とレポート課題用に2問を設定しています。こちらは、事後学習などに活用していただければと考えております。また、「コラム」は各章の内容に関するものが書かれており、より学びの理解が深まるものとなっています。

　講義を受ける学生の方々のより深い学びにつながると同時に、「経営戦略論」をご担当される先生方が使いやすいように、こうした構成にしております。より良い講義のためにご活用いただけますと幸いです。

Contents

序 章
経営戦略とは何か

ある日の午後

A：今期、大学の授業で「経営戦略論」を受講するのですが、一番学び
　　たかったことなので楽しみです。

T：確かに経営学の授業の中でも人気がある科目の一つだね。ところで、
　　A君。そもそも「経営とは何か」と聞かれたら、なんと答えるかな？

A：以前の授業で色々な考えがあると聞きましたが、「良いことを上手に
　　行うこと」と学びました。

T：そうだね！　もちろん、企業は営利組織なので、利益を上げること
　　は重要だけど、そのためなら何をやってもよいわけではないよね。
　　では、「経営戦略」と聞くと、どんなイメージを持つかな？

A：そうですねえ。企業がいかにして利益を上げるかについての具体的
　　な方法ですかね。例えば、他社の製品とどのような違いをつけるか
　　とか。

T：なるほどねえ！

A：何か含みがありますね。

T：では、「経営戦略論」の授業で何が学べると考えているのかな？

A：そうですねえ。企業が戦略を立てる際に活用する、さまざまな分析
　　手法やツールですかね？

T：確かに分析手法なども学ぶけど、本質は違うと思うよ。

A：？？？

Q　「経営戦略論」では一体何を学ぶのでしょうか？

●キーワード
□ 経営戦略
□ 経営資源
□ 外部環境
□ 内部環境
□ SWOT 分析

1 経営戦略とは

1 ── 企業とは

　経営戦略について考えていく前に、まずは「企業」について確認していきましょう。企業は「営利組織」であることは多くの人が理解していると思いますが、ここでは、企業の目的を「すべての利害関係者にとって『良いこと』を行うことで利益を獲得し、企業の存続や成長、発展を目指していく」とします。そして、この『良いこと』は「**利害関係者（ステークホルダー）**」（図序－1）の立場が異なれば内容も異なる場合があり、時に対立することもあります。だからこそ、企業の「経営者」は利害対立の調整も含めて、まさにこれらをうまくやりくり、つまり「経営」していく必要があるのです。

　そして、企業（経営者）は、「**経営資源（ヒト・モノ・カネ・情報）**」を上手にやりくりし、それらを組み合わせて、新たな製品やサービスを生み出し、生み出した製品やサービスの価値を「**市場**」に投入し、消費

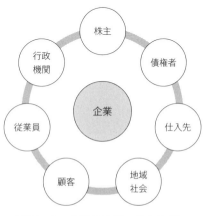

図序－1　企業のステークホルダー

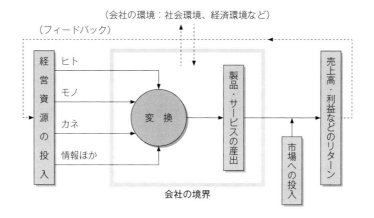

図序-2　事業活動の流れ

出典：上林憲雄ほか(2018)『経験から学ぶ経営学入門（第2版）』有斐閣　p.13

者がその価値を認めれば、それらが購入・利用・使用され、企業は売上や利益を獲得することができるのです。さらに、これらの活動を通じて、すべてのステークホルダーの要望に応えながら、企業の存続や成長、発展を目指していくこととなります。この一連の流れを示したものが、図序-2です。

2 ── 経営戦略の定義

　図序-2で示した一連の流れは、当然自然発生するものではありません。それぞれの企業が「考え」や「方針」を持ってつくり上げていきます。この「考え」や「方針」にあたるのが「**経営戦略**」となります。

　では、「経営戦略」とは一体どのように定義されているのでしょうか。例えば、伊丹敬之・加護野忠男（2003）『ゼミナール経営学入門（第3版）』では、(経営)戦略とは「**『企業や事業の将来のあるべき姿とそこに至るまでの変革のシナリオ』を描いた設計図**」[1] としています。ほかにもさまざまな定義がなされていますが、内容を要約すると「『あるべき姿』を描き、それに近づくためにどのように行動するかの指針やシナリオ」といった内容となっています。

3 ── 経営戦略の種類

　では、この経営戦略の内容をもう少し詳しくみていきましょう。先ほどの伊丹・加護野の定義に「企業や事業の将来のあるべき姿」とありますが、まず「将来のあるべき姿」を何年先に設定するかによって内容も変わってきます。多くの場合、1年以内といった近い将来については「短期戦略」、1年を超えて3〜5年は「中期戦略」、5年を超えて10年以上先を見据えている場合を「長期戦略」と分類します。

　次に、「将来のあるべき姿」について、どの視点で考えるかによって内容も変わってきます。

　1つ目は、「企業（全体）としてのあるべき姿」について考えていく「全社戦略（企業戦略）」です。主な内容としては、経営理念やビジョンの策定、事業領域の定義、経営資源の配分などが挙げられます。こちらの詳しい内容は第6章〜第11章で学びます。

　2つ目は、「事業・製品としてのあるべき姿」について考えていく「事業戦略（競争戦略）」です。主な内容としては、いかに競合（ライバル）との違いを生み出していくか、ビジネスモデル・ビジネスシステムの設定などが挙げられます。こちらの詳しい内容は第2章〜第5章で学びます。

　3つ目は、「機能別戦略」です。これは、2つ目の「事業戦略（競争戦略）」を実現するうえで必要となるそれぞれの機能（例えば、生産、マーケティング、人事など）ごとに策定される戦略です。なお、これらの内容は経営学においては、各論（例えば、生産管理論、マーケティング論、人的資源管理論など）という形で個別に設定されています。よって、「経営戦略論」の中で詳細に扱うことは少ないです。

　これら3つの戦略と経営理念との関係性については、第1章で詳しく学んでいきます。

2　外部環境と内部環境

さて、企業・事業として達成したい目標があり、その目標を達成するための**「将来のあるべき姿」**をゴール地点と考えるならば、スタート地点も重要となってきます。なぜなら、スタート地点がどこかによって、当然**「そこに至るまでの変革のシナリオ」**も異なるからです。

よって、経営戦略において、スタート地点を把握すること、すなわち「現状分析」が重要となってきます。この「現状分析」を行ううえで重要となるのが、「外部環境分析」と「内部環境分析」です。

1 ── 外部環境分析

外部環境とは、企業を取り巻くすべての要因を指しますが、**「マクロ環境」**要因と**「ミクロ環境」**要因に分けて考えられます。

❶ マクロ環境分析

「マクロ環境」は、企業が直接コントロールすることができない要因であり、企業は一方的にその要因にさらされることになります。企業が直接コントロールすることが不可能な要因とは、例えば、トヨタ自動車などの輸出企業は一般的に円安の方が有利といわれますが、トヨタ自動車が為替レートを自社の都合のいいように思い通りに操ることは不可能です。「マクロ環境」要因の具体例として、政治・法律・税制などの**「政治的環境**（Politics）」、景気動向、経済成長、為替相場などの**「経済的環境**（Economy）」、人口動態、宗教、言語などの**「社会的環境**（Society）」、インフラ、技術水準、技術開発などの**「技術的環境**（Technology）」の4つが挙げられます。この4つのマクロ環境を分析することを、それぞれの頭文字を取って**「PEST分析」**といいます。

❷ ミクロ環境分析

　「ミクロ環境」は、企業が多少コントロールできるが思い通りにはできない要因です。企業が多少コントロールできるが思い通りにはできない要因とは、例えば、トヨタ自動車が新車の発売を発表することで、競合がどのような反応や対抗策を講じてくるかなどは、過去の実績などからある程度、予測することは可能です。しかし、常にその予測通りになるとは限りません。つまり、思い通りにはできないということです。

　また、「ミクロ環境」は大きく「**市場環境**」と「**競合環境**」に分けることができます。「市場環境」は、市場規模・成長性、顧客ニーズ、顧客の消費・購買行動などが挙げられます。一方、「競合環境」は、各競合の現状シェアとその推移、各競合の採用している戦略やポジション、新規参入や代替品の脅威などが挙げられます。競合分析の手法には、第2章で学ぶ「3C分析」や業界分析として第3章で学ぶ「ファイブ・フォース分析」などがあります。

　このように、「マクロ環境」「ミクロ環境」ともに、企業にとってはコントロールできない要因といえます。

2 —— 内部環境分析

　これに対して、「内部環境」は、自社が保有する経営資源や能力のことであり、これらは企業が直接コントロールできる要因です。特に「経営戦略論」においては、資源や能力の質に着目します。

　「内部環境分析」は、自社の経営資源や能力の有無・程度などを把握し、自社の「強み」と「弱み」を明らかにします。内部環境分析の手法には、第4章で学ぶ「VRIOフレームワーク」などがあります。

3 —— SWOT分析

　そして、「外部環境分析」と「内部環境分析」によって明らかにした結果をうまくまとめるときに用いられる分析として「**SWOT分析**」があります。（図

序－3）「SWOT分析」とは、「内部環境分析」で明らかにした自社の「強み：Strengths」「弱み：Weaknesses」と「外部環境分析」で明らかにした要因のうち、自社の製品や事業に有利な状況をもたらす「機会：Opportunities」と不利な状況をもたらす「脅威：Threats」の4つを組み合わせて表示するものです。

	プラス要因	マイナス要因
内部環境	強み (Strengths) S	弱み (Weaknesses) W
外部環境	機会 (Opportunities) O	脅威 (Threats) T

図序－3　SWOT分析

　ただし、この「SWOT分析」を行う際は、いくつかの注意点があります。1つ目は、「分類する際に強い主観が入る」ということです。「SWOT分析」に限らず、分析の結果には、分析者の解釈が少なからず入ってしまうのですが、特にこの「SWOT分析」は「強み：Strengths」「弱み：Weaknesses」の分類において、強く反映される傾向にあります。2つ目は「競合の設定次第で内容が変化する可能性がある」ということです。これも「強み：Strengths」「弱み：Weaknesses」の分類において注意が必要です。

　これらを説明するうえで、ハンバーガーチェーンの「マクドナルド」を例に考えてみましょう。

　まず1つ目ですが、ある人がマクドナルドの強みとして「安い」と挙げたとします。確かに業界の中では低価格帯に属していますが、材料費や燃料費の高騰に加え、そもそもマクドナルドが経営戦略を変更したこともあり、以前に比べると販売価格自体は上がっています。また、店舗の立地条件で販売価格が異なることもあり、大都市圏の一部店舗におけるハンバーガーの価格は、他チェーンの方が安い場合もあります（2023年時点）。

　こうした状況をみると、もしかしたら違う人は「安い」を強みに挙げないかもしれません。これは、同じ事実や状況に対し、分析者の主観によって異なる結果となっているといえます。この場合は数値などの客観的指標を用いることで判断できますが、それが難しい場合は「恣意的な判断」となってしまう危険性もあります。

　このように、「強み」「弱み」の分類は、企業が置かれている状況や戦略によって大きく異なってしまい、主観による影響が強く出やすいといえます。

　次に2つ目ですが、マクドナルドの競合として、同じハンバーガーチェーンの「モスバーガー」を設定したとします。この場合、強みとして「安い」「早い」を挙げる人は多いと思います。しかし、マクドナルドの競合として、同じファストフードチェーンである「吉野家」を設定すると、強みとして「安い」「早い」を挙げる人はどうなるでしょうか。筆者は大学の「経営戦略論」の授業でこの質問を何度かしていますが、モスバーガーと比較すると、ほとんどの人が「安い」「早い」を強みとして挙げるのですが、「吉野家」と比較すると、「安い」「早い」を強みとして挙げる人は半分ぐらいになります。

　このように、競合の設定次第で「強み」「弱み」の分類結果は異なる可能性があります。今日の企業経営において、絶対的な強み・弱みが存在するということはなかなか考えられないことから、注意が必要になるといえます。

3　環境と経営戦略の関係性

　外部環境分析や内部環境分析を行うことで「現状」が把握できると、「現状」と「あるべき姿」の間にギャップがあることもわかってきます。そして、そのギャップを埋めるために**「変革のシナリオ」**が必要となります。ちなみに、伊丹・加護野は、この「あるべき姿」と「変革のシナリオ」の2つがそろって初めて戦略を決めたことになるとしており、「変革のシナリオ」の部分がないために戦略がまったく動かなくなることが多いため、2つをセットでそろえることを強調する必要があるとしています[2]。さらに、この「変革のシナリオ」である経営戦略は、外部環境・内部環境とうまく適合していなければなりません。

　まず、外部環境は「マクロ環境」と「ミクロ環境」で多少の違いはありますが、企業にとってはコントロールできない要因であるとともに、非常に多くの要因が複雑に、かつ目まぐるしく変化していきます。当然この変化は、企業にとって有利に働く場合もあれば、不利に働く場合もありますが、経営戦略はこ

の変化にうまく対応できるように外部環境の観点から適合していなければいけません（外部適合）。

　それに対し、内部環境は自らが持っている資源や企業組織としての能力などであり、企業にとってはコントロールできる要因ですが、資源や能力を見誤ると、実行不可能な経営戦略を立ててしまうことになります。また、企業組織としてこれまで重視してきた考え方や価値観などともうまく適合していなければいけません（内部適合）。

　これらの内容からわかることは、企業は自らが持っている資源や企業組織としての能力といった内部環境要因を駆使し、外部環境の変化に「対応」していくしかないということです。

　例として、いかだによる川下りで考えてみましょう。いかだで川下りをしていると、少し先に流れが速い箇所が見えてきました。ある人は、急流に巻き込まれていかだが壊れては困ると判断し、いかだを操縦してその急流を避けて遠回りになるが緩やかな方へ向かいました。別の人は、急流にうまく乗ることができればスピードが上がり、目的地まで早く着くと判断し、いかだを操縦してその急流に突っ込んでいきました。

　この例は、いかだを操縦している人が「内部環境要因」であり、川の流れは「外部環境要因」といえます。なぜなら、いかだに乗っている人は、自らのいかだは操縦できます（コントロール可）が、川の流れそのものを変えることは不可能（コントロール不可）だからです。つまり、自らのいかだの耐久性や操作技術といった内部環境要因を加味し駆使しながら、急流という外部環境の変化に対して、「迂回する」という戦略をとった人もいれば、そのまま「突っ込む」という戦略をとる人もいるということです。

　このように、経営戦略を策定するためには、外部環境と内部環境の両方の観点から考え、企業の内部環境を外部環境にうまく適合させることも重要であるといえるのです。そして、ここで一つ大きな疑問が出てきます。それは、経営

戦略を策定するうえで重視すべきなのは「外部環境の変化にいかに対応していくか」か、それとも「内部環境をいかにうまく活かしていくか」ということです。このテーマは「経営戦略論」においても、最も重要なテーマの一つであり、第3・4章で詳しく学んでいきます。

4 経営戦略論で学ぶこと

それでは、経営戦略論で学ぶこととは一体何でしょうか？

「経営学」そのものが、「良いことを上手に行う」ための方法を学ぶ学問であるならば、「経営戦略論」は「それぞれのステークホルダーが求め、認める価値をいかに上手に生み出すか」を学ぶものといえます。もちろん、主たるテーマとしては「顧客・消費者が認める価値を上手に生み出し、いかに他社との違いをつくり出すか」ではあります。しかし、現代社会における企業経営では、顧客・消費者だけでなく、すべてのステークホルダーからの理解が必要不可欠であり、そのうえで自社の価値や存在意義を認めてもらうことがより重要となっています。この考えをもとに本書も章立てがなされています。

まず、第1章では、企業経営において最も重要である「経営理念」と「経営戦略」の関係性を学びます。その後、第2章で「顧客ニーズ」について詳しく学び、第3・4章で「事業戦略（競争戦略）」の理論的内容を中心に学びます。また、第5章では「事業戦略（競争戦略）」を具体的に実行するための仕組みとして「ビジネスシステム」について学びます。

さらに、第6章では、「全社戦略」の役割を中心に学び、第7～10章では企業全体の成長という観点から「多角化」「リストラクチャリング」「M&A」「イノベーション」について、それぞれ詳しく学びます。

また、第11章では、「全社戦略」の一つである「資金調達」について学び、第12章では、みなさんが企業の業績等からその企業の経営戦略について考察するために必要となる「財務分析」について学びます。そして、第13章では、現代社会における企業の在り方を経営戦略の観点から学びます。

　さて、さまざまな記事や書籍などで言及されていますが、今日の社会は先行きが不透明で、将来の予測が困難な時代、いわゆる「VUCA時代」といわれています。このような時代では、企業に限らず個人や組織においても、「課題の発見と解決力」そして「スピーディーな仮説・検証の実施」が求められます。よって、これから、みなさんが経営戦略論で学ぶ内容を丸暗記することが学びの目的ではありません。学んだ内容をいかに自分なりに活用し、アウトプットできるかが重要となります。そして、本書がその助けとなれれば幸いです。

　では、いよいよ「経営戦略論」の始まりです！

★まとめ★

　経営戦略の定義はさまざまですが、内容を要約すると「『あるべき姿』を描き、それに近づくためにどのように行動するかの指針やシナリオ」といった内容となっています。

　また、「将来のあるべき姿」について、どの視点で考えるかによって、「全社戦略（企業戦略）」「事業戦略（競争戦略）」「機能別戦略」の３つの内容に区分されることも学びました。

　そして、外部環境分析や内部環境分析を行うことで「現状」を把握するとともに、経営戦略を策定するためには、外部環境と内部環境の両方の観点から考え、企業の内部環境を外部環境にうまく適合させることも重要となります。

　本書では、「経営戦略論」は「それぞれのステークホルダーが求め、認める価値をいかに上手に生み出すか」を学ぶものと考えます。主たるテーマとしては「顧客・消費者が認める価値を上手に生み出し、いかに他社との違いをつくり出すか」ですが、現代社会における企業経営では、すべてのステークホルダーからの理解が必要不可欠であり、そのうえで自社の価値や存在意義を認めてもらうことがより重要となっています。

演習問題

①経営戦略は（　　　　　　）（　　　　　　）（　　　　　　　）の３つに分
　類できる。

②企業にとって思い通りにコントロールできない要因を（　　　　　　　　　）
　といい、企業にとって思い通りにコントロールできる要因を（　　　　　　
　　　　）という。

③「SWOT分析」を行う際の注意点として、分類する際に（　　　　　　　　）
　ことと（　　　　　　　　　）で分類結果が異なる可能性があることが挙げ
　られる。

④あなたが気になる企業を１社取り上げ、その企業がどんな経営戦略をとって
　いるか、調べてみましょう。

⑤あなた自身の勉学の中期計画を立ててみましょう。

Column

戦略と戦術

　突然ですが、みなさんは「戦略」と「戦術」の違いについて、説明できますか？

　まず、「戦略（strategy）」に関しては諸説ありますが、語源はギリシア語の「strategos（ステラテゴ）」にあるとされ、『大辞林（第4版）』では「長期的・全体的展望に立った闘争の準備・計画・運用の方法」[3]と書かれています。

　一方、「戦術（tactics）」に関しては、こちらも諸説ありますが、語源はギリシア語の「taktike（タクティケ）」にあるとされ、『大辞林（第4版）』では「（1）個々の具体的な戦闘における戦闘力の使用法。普通、長期・広範の展望をもつ戦略の下位に属する。（2）一定の目的を達成するためにとられる手段・方法」[4]と書かれており、「戦略」の下位に「戦術」が属する形となります。

　例えば、サッカーチームの監督として考えてみると、「戦略」が「しっかりとパスを回し、数多くのチャンスをつくって点を取る」とするならば、「戦術」は「フォーメーションやメンバーの選定、相手チームの選手を誰がマークするか」などが該当します。そして「戦略」と「戦術」をうまく連動させていくのですが、厄介なのは結果が出ていない場合です。これもサッカーで考えてみます。

　あなたが監督をしているチームが後半25分（残り20分）で先制されてしまいました。あなたは以下のような決断をしなければいけません。

・点は取られたが「戦略」は間違っていない。よって、そのまま「戦術」も維持する。

・点は取られたが「戦略」は間違っていない。しかし、メンバー交代により「戦術」を変更する。

・思い切って「戦略」を変更する。それに伴い、フォーメーションの変更やメンバー交代といった「戦術」も変更する。

　これらの決断を刻一刻と状況が変化する中で行い、結果を残さなければなりません。さらに難しい点は、必ずしも「戦略」と「戦術」がきれいに分かれているわけではないということです。もちろん、サッカーとビジネスでは異なる点もありますが、やはりビジネスにおいても「戦略」が間違っているのか、「戦術」が間違っているのかの判断を見誤るとさらに良くない事態に陥ることもあるため、難しい決断が求められるのです。

第1章
経営理念と戦略

ある日の午後（T先生に連れられ、ランチを食べたあとの喫茶店）

A：ごちそうさまでした。すごくおいしかったです。ランチでこんなに
　おいしいお肉をいただいたので、午後の授業も頑張れそうです！

T：それは良かった。ところでA君は、お昼は何を食べることが多いの
　かな？

A：やっぱり、ハンバーガーや牛丼といったファストフードが多いです
　ね。時間もお金もないですからね。

T：僕も昔はよく食べたよ。何といっても、「安い・早い・うまい」だからね。

A：特に、一番安いハンバーガーチェーンのテリヤキバーガーには本当
　にお世話になっていますね。でも、たまにちょっと贅沢して別チェー
　ンの少し高いテリヤキバーガーを食べるのが幸せなんですよね。

T：その気持ち、よくわかるよ！

A：しかし、同じテリヤキバーガーでもハンバーガーチェーンで味付け
　や具材、そして価格も大きく違います。どうしてでしょうか？

T：それこそ、まさに戦略の違いであり、企業経営の出発点といえる「経
　営理念」の違いだね！

Q 「経営理念」と「経営戦略」にはどのような関係が
あるのでしょうか？

●キーワード

□ 経営理念
□ ミッション
□ ビジョン
□ ドメイン

1 経営理念

1 —— 経営理念とは

❶ 経営理念の意味と位置付け

　序章にて、企業の目的を「すべての利害関係者にとって『良いこと』を行うことで利益を獲得し、企業の存続や成長、発展を目指していく」と説明しました。そして、この「良いこと」は「**利害関係者（ステークホルダー）**」の立場が異なれば内容も異なり、時に対立することもあるので、これらをうまくやりくり、つまり「経営」していく必要があるとも説明しました。

　一方で、それぞれの企業が経営していくうえで、企業として「何を大切にすべきか」をしっかりと示す必要があります。企業では多くの人たちが一緒に働くわけですが、それぞれ個人が自らの価値観や判断基準で好き勝手行動してしまうと、収拾がつかなくなります。また、経営戦略を策定するうえでも「何を大切にすべきか」が定まっていないと、「将来のあるべき姿」も設定できません。

　そこで、多くの企業は、経営するうえで重視している基本的な価値観や姿勢、また、それに基づいた目的や存在意義、社会における役割などを明文化しています。これを「**経営理念**」といい、経営戦略に限らず、企業経営において最上位の概念として位置付けられています。そして、この「経営理念」として示されている範囲は企業によって多少異なりますが、企業の個性を表したものといえます。

❷ マクドナルドの経営理念

例えば、ハンバーガーチェーンのマクドナルドでは、「レストラン・ビジネスの考え方」として、

おいしさと笑顔を地域の皆さまに。お客様だけではなく、従業員、そして地域の皆さまに笑顔になっていただくことがマクドナルドの存在意義です。QSC&Vを基盤に、従業員一人ひとりがマクドナルドの価値観を理解、共感、体現することで、「おいしさとFeel-Goodなモーメントを、いつでもどこでもすべての人に。」お届けします。[1]

と示されています（図1－1）。

図1－1　マクドナルドのレストラン・ビジネスの考え方

出典：日本マクドナルド株式会社ホームページ
　　　https://www.mcdonalds.co.jp/company/outline/rinen/（2023年10月1日閲覧）

上記の「QSC&V」とは、Quality／品質、Service／サービス、Cleanliness／

清潔さ、Value／価値の頭文字を取ったものであり、マクドナルドの創業者レイ・A・クロックが提唱した考えがもととなっています。そして、この「QSC&V」の向上がマクドナルドにおける不変の理念とされています。

　また、マクドナルドはグローバル企業であるため、経営理念という言葉ではなく、Our Purpose（私たちの存在意義）、Our Mission（私たちの使命）、Our Values（私たちの価値観）の3つを用いて示しています。

❸ モスフードサービスの経営理念

　これに対し、同じくハンバーガーチェーンのモスバーガーを展開している「モスフードサービス」では、経営方針が図1－2のように示されています。

　　私たちモスフードサービスは、経営理念「人間貢献・社会貢献」と、創業の心、基本方針、経営ビジョンの4つの言葉から構成される理念体系を定めています。この4つの言葉は、私たちが企業として掲げるものであると同時に、モスグループで働くすべての人間が大切にするモスの心そのものです。[2]

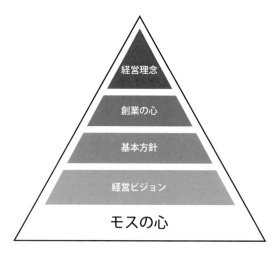

図1－2　モスフードサービスの経営方針

出典：株式会社モスフードサービスホームページ
https://www.mos.co.jp/company/outline/philosophy/（2023年10月1日閲覧）

また、経営理念が以下のように示されています。

　　私たちの存在意義である経営理念「人間貢献・社会貢献」には「お客さま
や地域社会と深く結びつき、真心をこめたサービスを提供することを通じて
社会に貢献しよう。」の意味を込めており、人間と社会を切り離すことので
きないひとつの言葉として定義しています。さらに、その先にいるすべての
ステークホルダーへの貢献も意味しています。[3)]

　このように、モスフードサービスでは、理念体系として「モスの心」を定め
ており、常に立ち返るべき原点としています。
　以上のように、同じハンバーガーチェーンであっても、マクドナルドとモス
フードサービス（モスバーガー）の経営理念は大きく異なるものといえます。
そして、これらの経営理念は設定しただけでは意味がなく、従業員らが理解し、
理念が浸透して初めて真価を発揮します。

2 ── 経営理念の効果

　経営理念を設定し、うまく浸透することで得られる効果として、2点挙げる
ことができます。
　まず1つ目として、企業における価値判断の基準を明確にし、共有すること
で、優れた企業組織となっていきます。先ほども例示しましたが、企業におい
て、従業員個人が自らの価値観や判断基準で好き勝手に行動してしまうと、企
業として収拾がつかなくなります。また、組織としての一体感もなく、意思決
定においても時間を要します。しかし、経営理念が浸透することで、共通の価
値判断基準のもとで、従業員間のコミュニケーションも促進され、個々の従業
員が自律的に判断、行動できる強い組織となります。
　2つ目は、従業員のモチベーション向上です。何のために仕事をするのかに
ついては、従業員個々人で考えは異なります。しかし、経営理念を通じて、自
社の存在意義や目的を理解し、共有することで、社会に役立つ仕事をしている

という誇りが生まれ、モチベーションの向上が期待できます。さらに、仕事を通じて、理念に示されている意義や目的を実感できたならば、さらにモチベーションの向上が見られることとなります。

　以上の効果が期待できますが、やはり経営理念をいかに浸透させ、定着させるかということが重要となります。この点については、従業員への教育も含め、どの企業もさまざまな工夫をしながら、取り組みを進めています。

2　経営理念と経営戦略との関係

1 ── 経営理念とビジョン

　前節にて、マクドナルドとモスフードサービス（モスバーガー）の経営理念を比較してみましたが、ここからはモスフードサービス（モスバーガー）を例に、経営理念と経営戦略との関係を見ていきます。

　なお、モスフードサービスでは、経営戦略や事業概況、環境保全や社会に配慮した活動、ガバナンス体制などの非財務情報と財務情報を統合してわかりやすく解説した「MOS REPORT（モスグループ統合報告2023）」（以下「報告書」）を公開していますので、この報告書の内容をもとに説明していきます。

　同報告書では、以下のように書かれたうえで、「モスグループの価値創造モデル」が示されています。

　　モスグループは、国内モスバーガー事業を中核とした独自のビジネスモデルを展開し、食を通じて「心のやすらぎ」「ほのぼのとした暖かさ」を世界の人々に届けます。モスグループで働くすべてのメンバーの拠り所である「モスの心」は、グループの価値創造を支える礎となっています。[4]

　まず、「事業環境・社会課題」といったモスフードサービスを取り巻く外部環境について示されており、その中で優先して取り組んでいく重要課題である

「マテリアリティ」として、「食と健康」「店舗と地域コミュニティ」「人材育成と支援」「地球環境」の４つが挙げられています。さらに、これらの「マテリアリティ」への対応・解決へ導くためのモスフードサービスとしての「強み」が６つ挙げられており、これらを生かして「モスのビジネス」が展開され、さまざまなステークホルダーに対して生み出す価値が示されています。そして、これらの価値を通じて、モスフードサービスが目指す姿「『心のやすらぎ』『ほのぼのとした暖かさ』を世界の人々に」を実現するという考えが示されています。

　また、2022年から2024年までの中期経営計画について、進捗状況と今後の課題が示されています。その中で、中長期ビジョンとして、「『心のやすらぎ』『ほのぼのとした暖かさ』をお届けし、世界が注目する外食のアジアオンリーワン企業へ」と掲げられています。「ビジョン」とは「展望」という意味ですが、多くの場合、経営理念は抽象的・普遍的な内容が示されています。これは、経営理念には、創業者の想いや信念、価値観などがベースとなって定められたものが多く、時代や場所の変化の中でも「変わらない」「変わってはいけない」重要なものとしての意味合いが強いからです。

　一方で、従業員をはじめステークホルダーにとっては、その時々あるいは一定の期間において、目標や将来像がある程度具体的に示されている必要があります。なぜなら、序章でも言及しましたが、この「将来のあるべき姿」を設定することが経営戦略を策定するうえでとても重要であるからです。よって、多くの企業において、具体的な目標としてビジョンが定められています。そして、このビジョンは時代や状況によって、変化していくものといえます。

②── ドメイン

　企業は経営理念をもとに、適宜ビジョンを定めたのち、どのような領域や分野で事業を行っていくかという「ドメイン」を設定あるいは再定義していきます。

　ドメインの設定方法として、よく用いられるのは、デレク・F・エーベル

（Abell, D. F.）が提唱した「三次元事業定義モデル」です。これは、「どのような顧客（顧客層）」に対し、「どのような機能や価値（顧客機能・価値）」を、「どのような技術・手段で提供するか（代替技術）」という次元で決めていきます。「ドメイン」の設定が曖昧であったり、誤った方向へ向かってしまうと、経営資源の無駄遣いや事業・企業の成長の機会を失ったりします。モスフードサービス（モスバーガー）は、まさにこのドメインをうまく設定したことで大きく成長してきました。

　1970年にケンタッキー・フライド・チキンが日本に1号店をオープンさせ、その翌年には、日本マクドナルドとミスタードーナツがそれぞれ1号店をオープンさせる中、1972年6月に「モスバーガー」1号店がオープンし、7月にモスフードサービスが設立しました。創業者の櫻田慧氏は、証券会社の社員としてアメリカに駐在していた頃にTommy'sというハンバーガーショップに出会いました。Tommy'sは好立地とは言えない場所ながら、材料と味の良さで大繁盛していました[5]。そして、「アメリカで味わったとびきりおいしいハンバーガーを日本の方々に食べてほしい！」という想いからモスバーガーを創業しました[6]。

　モスバーガーは、日本人（顧客層）に対し、日本人の味覚に合った、日本人が好む味のハンバーガー（顧客価値）を提供するために、注文が入ってからつくる「バイオーダー方式」（代替技術）を採用することによって、マクドナルドとは異なる価値を実現することができたのです。

　このような経緯から、モスフードサービスは、現在においても国内のモスバーガー事業が主力事業ですが、一方で1991年に台湾に出店して以降、アジア諸国・地域を中心に2022年12月時点で455店舗を出店しており、先ほどの中長期ビジョンにおいて、「世界が注目する外食のアジアオンリーワン企業へ」と示していることからも、「ビジョン」に基づいてドメインを適宜再設定していることがうかがえます。

3 ── 全社戦略（企業戦略）

　企業は適宜設定したビジョンを実現・達成するために、企業全体の戦略を策定していくこととなります。これが「**全社戦略**」です。モスフードサービスの公式ホームページでは、「中期経営方針」が下記のように掲載されています（2023年10月現在）。

> 　国内モスバーガー事業においては積極的な投資を行い、収益力の向上を図ってまいります。また、そのほかの事業については適正規模の投資を行う事で成長を促進させ、収益の多様化を目指してまいります。これら、モスグループの多種多様なビジネスを支えていくためのグローカル事業プラットフォームを構築し、既存事業の収益力向上、新事業展開、M&A・アライアンスによる事業拡大を実現するため、グループ経営体制の整備を進めてまいります。[7]

　ここで挙げられている、新事業展開、M&A・アライアンスによる事業拡大などが「全社戦略」に該当します。モスフードサービスとして、どのような新しい事業を手がけていくか、どの企業を買収するかなどは、個別の事業の延長線上にある話ではなく、まさに「**企業（全体）としてのあるべき姿**」について考えていく「**全社戦略（企業戦略）**」といえます。そして、全社戦略を策定し、実行するうえで同時にもう一つ考えなければいけないことがあります。それが「**経営資源の配分**」です。どれだけ巨大な企業であっても、保育している経営資源は有限です。

　例えば、新しい事業を手がける際に、自社の経営資源を用いて1から立ち上げていく方法もあれば、他社の事業あるいは他社そのものを買うM＆Aという方法もあります。どの方法で新しい事業を手がけるかによって、自社の経営資源をどのように使っていくかも当然変わっていきます。もちろん、すでに手がけている事業に対しても、自社の経営資源をどのように使っていくかを決めなければいけません。つまり、全社戦略を策定していくことは、同時にどのよう

な経営資源を配分するかも考えなくてはならないのです。これらの全社戦略については、第6〜10章で詳しく見ていきます。

　また、昨今の企業経営においては、SDGsへの取り組みも含めて、サステナビリティ（持続可能な）経営が求められています。モスフードサービスにおいても報告書に「モスグループのサステナビリティ経営と SDGsへの取り組み」が記載されており、4つのマテリアリティ（重要課題）への取り組みなどが記載されています。このような、社会課題やステークホルダーへの対応に関しては、もちろん個別の事業・製品とも大きく関わりますが、企業全体の方針を決める必要があるため、広義の企業戦略に含められます。これについては、第13章で詳しく見ていきます。

4 ── 事業戦略（競争戦略）

　企業は「全社戦略」によって、既存事業に対し経営資源の配分がなされた後に「**事業戦略（競争戦略）**」を策定していきます。

　報告書やモスフードサービスの公式ホームページの内容を要約すると、国内モスバーガー事業に関して、以下の2点が挙げられています。

・テーマ　　：「お店をもっと近くに」「もっと愛されるお店に」を目指し、お客様それぞれに合った、モスらしい、わくわくする感動体験を提供する。
・中期方針：お客さまとの接点の量と質を徹底的に強化する。

　モスバーガーは消費者に対して、もっと身近で、愛すべきお店と認識してもらうために「モスらしい、わくわくする感動体験」を提供することが重要であると考えています。なぜならば、「モスらしい、わくわくする感動体験」を提供することができれば、モスバーガーだけの特別な価値を生み出すこととなるからです。そうなれば、多くの消費者がモスバーガーに来店し、商品を購入してくれると考えており、それは結果として、売上や利益の増加につながるとともに、他のハンバーガーチェーンやファストフード店などとも違いを生み出す

こととなります。

　このように「**事業・製品としてのあるべき姿**」について考えていくことが「**事業戦略（競争戦略）**」であり、競合他社（ライバル）の事業や製品との違いをいかに生み出すかを考えることとなります。つまり、競合他社（ライバル）の事業や製品との競争にいかに勝つかということを考えるので、事業戦略は「競争戦略」とも呼ばれています。事業戦略（競争戦略）については、第3・4章で詳しく見ていきます。

　そして、事業戦略（競争戦略）を策定し、実行するうえで同時にもう一つ考えなければいけないことがあります。それが「**ビジネスシステムの設計**」です。例えば、ハンバーガーをつくって売るためには、野菜を調達しなければなりません。それらをどの産地や農家から購入するのか、購入方法は本社の一括購入かそれとも地域別にするか、購入した野菜をそれぞれの店舗にどのようにして配送するかなど、実際にハンバーガーをつくって売るという業務が成立するための効果的・効率的な仕組み（システム）をつくり上げなければなりません。これを「**ビジネスシステム**」といいます。ビジネスシステムについては、第5章で詳しく見ていきます。

5 ── 機能別戦略

　企業は「事業戦略」によって、それぞれの事業において、いかに競合他社との違いを生み出すかを考え、業務プロセスにおける効果的・効率的な仕組みである「ビジネスシステム」をつくり上げていきます。そして、「事業戦略」を実行し、目標等を実現するうえで必要となるさまざまな機能ごとに戦略を策定していきます。これを「**機能別戦略**」といいます。

　モスフードサービスの報告書には、国内モスバーガー事業における「マーケティング・商品開発」に関して、また「店舗開発戦略」について記載されています。もちろん、これら以外のさまざまな機能に関しても策定しなければならず、またそれぞれの機能が密接に関わることが多く、横断的な活動となります。ただし、序章でもふれましたが、これらの内容は経営学においては、生産管理論・

マーケティング論・人的資源管理論など、個別に設定されています。よって、「経営戦略論」の中で詳細に扱うことは少なく、本書においても別段章立てはしていません。ただし、各章の中で言及される場合はあります。

3 組織文化

1 ── 組織文化とは

　ここまで、モスフードサービス（モスバーガー）を例として、経営理念からビジョン、ドメイン、そして経営戦略（全社戦略、事業戦略、機能別戦略）のつながりについて見てきました。

　モスフードサービス（モスバーガー）の場合は、経営理念、創業の心、基本方針、経営ビジョンの4つを「モスの心」という一つの理念体系として設定しています。これは広義の経営理念として「モスの心」を設定していると捉えることができます。それでは、なぜモスフードサービス（モスバーガー）では、この「モスの心」というものを設定し、大切にしているのでしょうか。ここで、重要となるのが「**組織文化**」です。

　研究者によって多少の違いはありますが、組織文化のわかりやすい定義の一つとして、伊丹敬之・加護野忠男は「組織のメンバーが共有するものの考え方、ものの見方、感じ方」[8] としています。また、組織文化は企業文化と呼ばれるとしています。

　なかなかイメージしにくいかもしれませんが、高校のクラスをイメージしてください。そのクラスメンバーと1年間あるいは3年間過ごしていくと、各クラスの独自性が出てくると思います。「○組のカラー」や「△組のノリ」といったものです。自分たちで認識している場合もあれば、ほかのクラスメンバーや先生たちから指摘されることもあると思います。クラスメンバーはそれぞれ異なる個人であり、当然価値観も異なるはずです。しかしながら、クラスという組織全体で考えたとき、クラスメンバーの中で、共通の考え方や価値観といったも

のが、強弱（あるいは良し悪し）の違いはあっても、徐々に形成されてきます。これも組織文化といえます。そして、この組織文化は、先ほどの例のように「○組のカラー」や「△組のノリ」といった形でうまく表現できる場合もあれば、なんとなく、あるいは無意識のうちに前提となっているものも含まれます。

② —— 組織文化の機能と逆機能

❶ 組織文化の機能

　組織として、組織文化が強くなればなるほど出てくる良い面のことを「**組織文化の機能**」といいます。

　「組織文化の機能」としては、まず、「メンバー間の結びつきが強固となり、組織として発揮される力が大きくなる」ことです。メンバー間で共有された考え方や感じ方が強くなるほど、意思疎通は容易となり、意思決定も迅速に行えます。その結果、組織として一体感を持って動くことができます。また、組織文化から逸脱した行動をしない限り、メンバーあるいは組織としての行動に細かい規則やルールを設定して制限する必要はないため、組織としての自由度も高まります。そして、長期間にわたり共通した考え方のもとで行動、意思決定していくことで、組織の中に知識や経験が蓄積されていき、組織としての効率性が高まるとともに、メンバーの入れ替わりなどがあっても、組織文化を継続していくことができます。

　さらに、副次的効果として、組織文化が強くなることで、組織や企業に対する対外的なイメージが認識されている場合は、経営戦略を策定するうえでも優位性を発揮できることがあります。例えば、消費者から「安売りといえば○○社」「△△社の製品は品質No.1」といった認識がなされているならば、競合他社がこのイメージを払拭するためには相当のコストがかかることとなります。また自社としても、このイメージをもとにとれる戦略の幅も広がることが考えられます。

　このように、組織文化が強くなればなるほど、これらの効果も強くなっていきます。

❷ 組織文化の逆機能

一方で、組織文化が強くなればなるほど出てくる悪い面もあります。これを「**組織文化の逆機能**」といいます。

「組織文化の逆機能」として、「組織内の思考や考え方が均質化してしまう」ことが挙げられます。先ほどの「組織文化の機能」では、組織文化が共有されることで、組織メンバーの意思疎通は容易となり、意思決定も迅速に行えることを学びましたが、裏を返せば、それはメンバーの考え方や価値観が均一化してしまうともいえます。その結果、組織内に新しい考え方やアイデアが生まれにくくなり、外部環境の変化への対応が遅れてしまう可能性があります。また、定着している組織文化と異なる考え方や価値観に対して排他的になり、組織として変化や変革の必要性があっても、その変化を拒み、抵抗してしまうことが起こり得ます。

さらに、組織内の思考や考え方が均質化してしまうことで、これまでの組織文化に基づいた思考や考え方では判断できない問題に直面したときに対応できない事態に陥る可能性もあります。これを「**組織の硬直化**」といいます。

── ★まとめ★ ──

本章では、経営理念と経営戦略との関係性を中心に、企業の事例をもとに説明してきましたが、経営理念を出発点とし、ビジョン、ドメインの設定、そして経営戦略へと密接に結び付いていることがわかります。

また、経営理念を従業員にしっかりと理解してもらい、定着させるためには組織文化が重要となってきます。経営理念を浸透させ、その企業における「組織文化」として定着すれば、従業員にとっては、経営理念が示されていることは「当たり前」のこととなるからです。

そして、その「当たり前」をもとに策定された経営戦略は、従業員に限らず、多くのステークホルダーからも理解を得られるものとなり、持続的な成長・発展に結び付くとともに、その企業自体も社会にとって意義のある存在として認められることとなるのです。

演習問題

①経営理念とは、経営するうえで重視している基本的な（　　　　）や（
　　　　）、また、それに基づいた（　　　　）や（　　　　　）、社会における
　（　　　　　）などを示したものである。

②ドメインの設定方法として、エーベル（Abell, D, F.）が提唱した「三次元事
　業定義モデル」では、「どのような（　　　　）」に対し、「どのような（
　　　　　　）」を、「どのような（　　　　　　　）で提供するか」という
　次元で決めていく。

③組織文化が強くなればなるほど出てくる良い面のことを（　　　　　　　　）
　という。

④あなたが気になる企業を1社取り上げ、その企業がどんな経営理念やビジョン
　を掲げているか、調べてみましょう。

⑤あなた自身が人生において大切にしている価値観や姿勢（理念）とそれに基づ
　く中期ビジョンを立ててみましょう。

Column

長寿企業と三方よし

　日経BPコンサルティング・周年事業ラボは、世界の企業の創業年数が100年以上、および200年以上の企業を国別に調査し、その結果を2022年10月に公表しています[9]。その調査によると、最も100年企業が多かったのは日本の３万7,085社で、世界の創業100年以上の企業総数７万4,037社の50.1％を占めています。さらに、創業200年以上までさかのぼっても１位は日本の1,388社であり、これも世界の200年企業2,129社の65.2％を占めています。２位はアメリカの265社（12.4％）、３位はドイツの223社（10.5％）であり、大きな差をつけていることがわかります。

　また、田久保善彦は、日本の長寿企業に関する書籍は大別して企業の３つの側面、「歴史的側面」「文化的側面」「ファミリービジネスであること」を扱っていると指摘しています[10]。

　このように、日本における長寿企業については、さまざまな観点から議論がなされているのですが、その中でよく出てくる話として「三方よし」があります。これは、江戸時代に活躍した近江商人が大切にしてきた精神を表したものであり、「売り手よし、買い手よし、世間よし」というもので、商売において売り手と買い手が満足し、そして社会に貢献できることを「よし」とするものです。この考え方は現代の経営においても重要であり、多くの企業の経営理念に影響を与えています。

　例えば、大手総合商社の伊藤忠商事は、2020年４月１日に、それまでの経営理念であった「豊かさを担う責任」（1992年に制定）から「三方よし」に改めました。この改訂は、近江商人であった創業者、伊藤忠兵衛の原点に戻るものであるとともに、「三方よし」は現代サステナビリティの源流ともいえるものであるとも記されています。

　このように、何百年も前に大切にされていた考え方が、「サステナビリティ」や「SDGs」といった現代社会の課題への対応におけるヒントとなり得る点は興味深くもあり、時を超えたロマンのようにも思えます。

第**2**章
顧客ニーズと戦略

ある日の昼休み（大学の学食）

T：A君、いっぱい食べているね。お腹がすいていたの？

A：あっ、T先生！　そうです。寝坊して朝ご飯を食べ損ねたので、いっ
　　ぱい食べています。でも、空腹すぎても満腹すぎても授業に集中で
　　きなくなりますね。

T：ところで、今、スマートフォンで何を調べていたのかな？

A：そろそろ新しいスマホに買い替えようと思っているので、いろいろ
　　と調べていました。

T：A君は何を重視してスマートフォンを選んでいるのかな？

A：いろいろなメーカーのスマホがありますけど、機能とか性能とかの
　　スペック面ではあまり差がない気がします。なので、デザインとか
　　ブランドとかで選んでいると思うのですが……。いざ聞かれてみる
　　と、難しいですね。

T：自分のことなのに、自分のニーズは意外とわからないことがあるよ
　　ね。では、今やほとんどの大学生がスマートフォンを使っているけ
　　れど、みんなはどこに価値があると思って使っていそうかな？

A：うーん、難しいですね。スマホのない生活がイメージしにくいので……。

T：それなら、改めてみんなが求めているスマートフォンの価値につい
　　て考えてみるのもおもしろいかもしれないね。

Q
　　顧客ニーズや顧客価値、製品の価値とは何でしょうか？

```
●キーワード
□ 3C 分析（顧客、競合企業、自社）
□ ニーズ、ウォンツ、ディマンド
□ 顕在的ニーズ、潜在的ニーズ
□ 顧客志向、競合志向、技術志向
□ 機能的価値、意味的価値
```

1 市場とは

1 ── 外部環境のマネジメント

　企業の目的を達成するためには、外部環境をうまくマネジメントすることが重要になります。序章では企業を取り巻く外部環境について学びました。企業は市場の中でさまざまな外部環境とやり取りをしています。

　市場（market）とは、製品やサービスの買い手と売り手が取引する場を表す抽象的な概念のことで、「しじょう」と読みます。図 2 − 1 のように、企業の外部環境には、労働市場、資本市場、原材料市場、製品市場、政府などが含まれます。

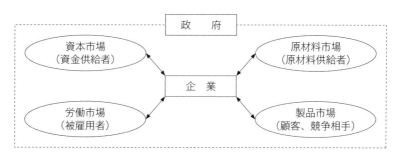

図 2 − 1　市場の中の企業

出典：伊丹敬之・加護野忠男（2022）『ゼミナール経営学入門（新装版）』日本経済新聞出版　p.11

　例えば、労働市場では労働者との間で労働力と賃金のやり取りを通じて「ヒ
ト」を調達したり、原材料市場では供給業者との間で原材料と代金のやり取り
を通じて「モノ」を調達したり、資本市場では金融機関や投資家との間で資金
と債券・株式のやり取りを通じて「カネ」を調達したり、製品市場では顧客と
の間で製品と代金のやり取りをめぐって競合企業と競争したりしています。ま
た、政府は企業のあり方や競争のルールなどに影響を及ぼしています。

　このように、企業は市場の中で、さまざまな外部環境とのやり取りを通じて
存続や成長を図っています。

2 ── 3C分析

　ここでは、外部環境の中でも製品市場に注目していきます。製品市場では、
自社は顧客をめぐって競合企業と競争しています。図2-2に示されている「**顧
客（Customer）**」「**競合企業（Competitor）**」「**自社（Company）**」の3者間の
関係性は、戦略的3Cあるいは戦略的三角関係と呼ばれます[1]。

　3C分析とは、顧客、競合企業、自社という3つのCの視点から戦略を考え
るための枠組みです。自社の競争優位を実現するためには、顧客にとって、自
社の提供する製品やサービスの価値の方が、競合企業の提供する製品やサービ

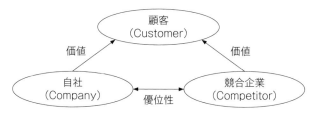

図2-2　3C分析

出典：大前研一（田口統吾・湯沢章伍訳）（1984）『ストラテジック・
　　　マインド−変革期の企業戦略論−』プレジデント社　p.114をも
　　　とに筆者作成

★1　大前研一（田口統吾・湯沢章伍訳）（1984）『ストラテジック・マインド―変革期の企業戦略
　　論―』プレジデント社　p.112では、「自社」の英語表記はCorporationとなっています。

スの価値よりも高くなる必要があります。

第1に、顧客の分析です。顧客の分析では、顧客ニーズや市場の動向などを分析し、顧客の好みや行動特性、市場の規模や成長性などを把握します。また、顧客ニーズや市場の動向は刻々と変化するものであるため、それらに影響を与える要因についても把握する必要があります。

第2に、競合企業の分析です。競合企業の分析では、競合企業の動向を分析し、競合企業の数やシェア状況、競合企業の経営資源や戦略などを把握します。また、競合企業の動向も刻々と変化するものであるため、既存の競合企業の動向だけでなく、新規に参入してきそうな企業の動向を把握しておくことも必要になります。

第3に、自社の分析です。自社の分析では、自社の内部環境を分析し、業績やシェア状況、自社の経営資源や戦略などを把握します。競合企業よりも顧客への価値提供をうまく行うためには、自社にはどのような強みがあるのかを客観的に把握しておく必要があります。

このように、3C分析では、顧客の視点から顧客価値の提供、競合企業の視点から優位性の確保、自社の視点から競合企業よりもうまく顧客価値を提供するための自社の強みを把握します。

3 —— 4C分析

また、顧客に価値を提供しつつも競合企業への優位性を確保するためには、自社の経営資源だけでなく、協力・補完企業の経営資源を活用することも有効な手段となります。そのため、図2－3のように、3C分析に「**協力・補完企業（Complementor）**」を加えた**4C分析**という考え方もあります。

協力・補完企業には、自社に部品や原材料を供給する企業や、自社に補完的な製品・サービスを提供する企業があります。例えば、家庭用ゲーム産業における企業の場合、ゲーム機本体とゲームソフトを企業1社ですべて手がけているわけではありません。家庭用ゲーム機メーカーは、ゲーム機本体に使われる部品を供給する企業やゲームソフトを提供する企業とともに価値を創造してい

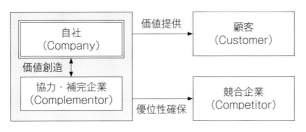

図2－3　4C分析

出典：延岡健太郎（2002）『製品開発の知識』日本経済新聞社　p.59

ます。

　ただし、自社が協力・補完企業とともに価値を創造し、顧客への価値提供と
競合企業への優位性確保に成功しても、そこから多くの価値を獲得できるとは
限りません。自社に価値創造の決め手となるような貢献がなければ、創造した
価値の大部分を協力・補完企業に取られてしまう可能性があります。そのため、
価値創造と**価値獲得**の場面では、顧客、競合企業、自社という3Cに加え、協
力・補完企業というもう1つのCについても考える必要があります。

2 ニーズとは

1 ── ニーズ、ウォンツ、ディマンド

　前節でふれたように、自社の競争優位を実現するためには、顧客にとって、
自社の提供する製品やサービスの価値の方が、競合企業が提供する価値よりも
高くなければなりません。そして、顧客に大きな価値を提供するためには、企
業は顧客のニーズを把握する必要があります。

　まずここでは、ニーズ、ウォンツ、ディマンドという用語の意味について確
認します。「**ニーズ（Needs）**」とは、人間が感じている欠乏状態のことです。
このニーズを満たすよう具体化されたものが「**ウォンツ（Wants）**」です。こ
うしたニーズを満たすよう具体化されたウォンツに購買能力・意思が伴ったも

のが「**ディマンド**（**Demands**）」です。ニーズ、ウォンツ、ディマンドは次の
ように整理できます。

> ニ　　　ズ：人間が感じている欠乏状態
> ウォンツ：ニーズを満たすよう具体化されたもの
> ディマンド：ニーズを満たすよう具体化された特定のウォンツに購買能力・
> 　　　　　　意思が伴ったもの

　例えば、本章冒頭の「A君とT先生の会話」にある大学の学食でお昼ご飯を
食べるA君の状況を考えてみましょう。午前の授業を終えて、A君はお腹がす
いています。このとき、A君には「お腹がすいて何か食べたい」というニーズ
があります。今日は寝坊をして朝ご飯を食べていないA君には、学食で食べ応
えのある「大盛り定食を食べたい」というウォンツがあります。この大盛り定
食の中でも大盛り唐揚げ定食は1食500円で、500円しか持っていないA君は一
番安い「大盛り唐揚げ定食」を注文できるので、ディマンドがあります。この
場合のA君のニーズ、ウォンツ、ディマンドは次のようになります。

> ニ　　　ズ：お腹がすいたので何か食べたい
> ウォンツ：大盛り定食を食べたい
> ディマンド：大盛り唐揚げ定食を注文しよう

　またA君は、朝ご飯を抜くと午前の授業中にお腹がすいて勉強に集中できな
いと思う一方で、お昼ご飯をたくさん食べると午後の授業が眠くなってしまい
勉強に集中できないとも思っていました。このとき、A君には「朝寝坊しない
ように起きたい」というニーズがあります。朝寝坊せずに起きるために、A君
には「目覚まし用グッズがほしい」というウォンツがあります。インターネッ
トで調べてみると、便利そうなスマートフォンの目覚ましアプリがフリー（無
料）で手に入ることがわかり、無料のアプリしか使わないと心がけているA君
には「フリー（無料）のスマートフォンの目覚ましアプリをダウンロードしよ
う」というディマンドがあります。この場合のA君のニーズ、ウォンツ、ディ
マンドは次のようになります。

> ニ　　ズ：朝寝坊しないように起きたい
> ウォンツ：目覚まし用グッズがほしい
> ディマンド：フリー(無料)のスマートフォンの目覚ましアプリをダウンロー
> 　　　　　　ドしよう

　このようなA君のニーズは自分自身でも認識しやすいニーズです。しかしながら、すべてのニーズを顧客自身が認識しているものなのでしょうか。

2 ── 顕在的ニーズと潜在的ニーズ

　顧客ニーズは、企業が顧客の声を聞くことで必ず理解できるというほど単純なものではありません。顧客が自分自身のニーズを自覚している場合もあれば、していない場合もあるのです。顧客ニーズには、**顕在的ニーズ**と**潜在的ニーズ**があります。

　顕在的ニーズとは、顧客自身が自覚し、言葉で具体的に表現できるようなニーズのことです。先ほどの例のように、A君の「お腹がすいたので何か食べたい」「朝寝坊しないように起きたい」というニーズは、顧客自身が自覚している顕在的ニーズといえます。

　一方、潜在的ニーズとは、顧客自身もはっきりと自覚しておらず、言葉で具体的に表現することが難しいニーズのことです。企業は、潜在的ニーズを掘り起こすために、顧客が何を望んでいるのかを自覚する手助けをしたり、顧客の言葉が何を意味するのかをくみとったりする必要があります。

　再び、先ほどのA君の例で考えてみましょう。A君は寝坊して朝ご飯を食べ損ねたり、昼ご飯を食べ過ぎたりして授業に集中できないことがよくありました。このとき、A君自身は自覚していませんでしたが、そのような状況にならないためにも、A君には「生活リズムを整えたい」という潜在的ニーズが隠れている可能性があります。このA君の潜在的ニーズを満たすためには、例えば、「生活リズムを整えるサポートをしてくれるフリー（無料）のスマートフォンアプリ」が必要なのかもしれません。この場合のA君の顕在的ニーズと潜在的

ニーズは次のようになります。

> 顕在的ニーズ：お腹がすいたので何か食べたい、朝寝坊しないように起きたい
> 潜在的ニーズ：生活リズムを整えたい

　このように、顧客が自分自身のニーズを必ずしも自覚しているわけではありません。企業が顧客に価値を提供するためには、顕在的ニーズを把握するだけでは十分でなく、潜在的ニーズについても把握することが必要になります。

3　経営戦略と顧客ニーズとの関係

1 ── 顧客志向、競合志向、技術志向

　本節では、経営戦略と顧客ニーズとの関係について考えていきます。まず、**顧客志向**、**競合志向**、**技術志向**という考え方について紹介していきます。

　顧客志向とは、顧客の動向に焦点を当てて戦略を策定しようとする考え方のことです。顧客志向の企業は、顧客が誰かを見極め、その顧客ニーズを把握し、自社の目的や経営資源に応じて戦略の方針を考えることができます。

　一方、競合志向とは、競合企業の動向に焦点を当てて戦略を策定しようとする考え方のことです。競合志向の企業は、競合企業に注意を向けることで、競争を有利に進める手がかりをつかむことができる可能性があります。しかし、競合企業の動向に受け身の姿勢になってしまい、顧客の動向に注意が向かなくなる可能性もあります。

　また、技術志向とは、自社の技術に焦点を当てて戦略を策定しようとする考え方のことです。技術志向の企業は、自社独自の技術が顧客ニーズに合致することで、顧客価値や競合企業への優位性につながる可能性があります。しかし、自社の技術がいくら優れていても、それが必ずしも顧客ニーズに合致しているとは限りません。

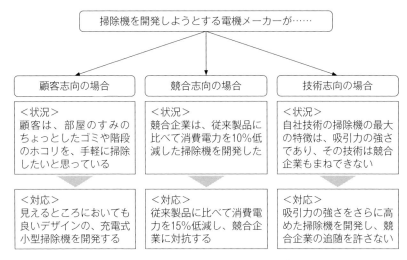

図2－4　顧客志向、競合志向、技術志向の違い

出典：原拓志・宮尾学編著（2017）『技術経営』中央経済社　p.126を一部改変

　例えば、製品開発の場面を考えてみましょう。図2－4は、架空の電機メーカーが、顧客志向、競合志向、技術志向の考え方で掃除機の新製品を開発する例をそれぞれ示しています。

　一般的に、顧客志向の企業の方が、競合志向や技術志向の企業よりも、新たな機会を発見し、長期にわたって利益をもたらす戦略の方針を考えやすいといえます。しかし、顧客志向とは単純に顧客の声を聞くことを意味するわけではありません。前節でふれたように、顧客ニーズには顕在的ニーズと潜在的ニーズがあります。顧客志向とは、顕在的ニーズだけでなく、潜在的ニーズをも掘り起こしていくことを意味しています。

　このように、企業にとって顧客ニーズを把握することは重要な課題です。企業は顧客ニーズを満たす製品やサービスを提供することで、顧客価値を大きくできる可能性があります。

2 —— 顧客価値

顧客価値とは何でしょうか。顧客価値という用語はさまざまな意味で使われます。例えば、マーケティングの分野では、顧客価値は「製品やサービスの入手や消費によって顧客が得る価値」[1]と定義され、顧客価値をコストとベネフィット（便益）の比率で把握します。ここでは、「顧客が製品やサービスに認める価値」[2]のことを顧客価値と呼び、顧客の支払い意欲（いくらまで支払ってよいと思うか）を金銭的な価値として把握していきます。

図2-5は、企業がヒト、モノ、カネ、情報といった経営資源から生み出された製品やサービスを顧客に販売することで経済価値を創出していることを示しています。この場合、顧客価値から製品やサービスを生み出すためのコストを差し引いた部分が、創出された経済価値と考えられます。この経済価値から企業と顧客に利益が配分されます。

例えば、ある製品のコストが1,500円で、顧客がその製品に2,500円の価値を認めている場合、創出された経済価値は1,000円となります。そして、この製品の価格が2,000円の場合、創出された経済価値のうち、企業の利益が500円、顧客の利益が500円となります。

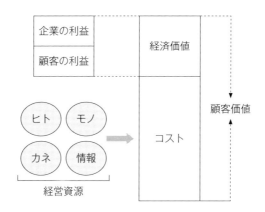

図2-5　企業による経済価値の創出

出典：青島矢一著・榊原清則監修（2022）『＜はじめての経営学＞経営学入門』東洋経済新報社　p.57を一部改変

製品のコスト：1,500円　製品の価格：2,000円　顧客価値：2,500円
経済価値：1,000円
企業の利益：500円
顧客の利益：500円

　ここで、企業が新製品を開発して顧客価値が大きくなった状況を考えてみましょう。新製品のコストが1,500円で、顧客がその新製品に3,000円の価値を認めている場合、創出された経済価値は1,500円となります。そして、この新製品の価格を2,000円に据え置いた場合、創出された経済価値のうち、企業の利益が500円、顧客の利益が1,000円となります。

製品のコスト：1,500円　製品の価格：2,000円　顧客価値：3,000円
経済価値：1,500円
企業の利益：500円
顧客の利益：1,000円

　一方で、この新製品の価格を2,500円に値上げした場合、創出された経済価値のうち、企業の利益が1,000円、顧客の利益が500円となります。

製品のコスト：1,500円　製品の価格：2,500円　顧客価値：3,000円
経済価値：1,500円
企業の利益：1,000円
顧客の利益：500円

　このように、顧客価値からコストを差し引くことによって経済価値が得られます。顧客価値を大きくすることによって、企業の利益を大きくできる可能性があります。

③ ── 機能的価値と意味的価値

　それでは、顧客は、製品やサービスの何に価値を見いだすのでしょうか。ここでは、**製品の価値**を、**機能的価値**と**意味的価値**に分類して考えていきます。

　機能的価値とは、客観的な機能・性能といった基準によって評価が決まる価値のことです。一方で、意味的価値とは、顧客の主観によって評価が決まる価値のことです。近年、機能的価値のみでの顧客価値の創造や競合企業への優位性の確保が難しくなる状況が増えており、顧客の主観や感性に訴えかけることで価値を創造し、競合企業にもまねされにくい特徴がある意味的価値の重要性が高まっています。

　図2 - 6は、製品の価値が機能的価値と意味的価値の合計であることを示しています。つまり、「製品の価値＝機能的価値＋意味的価値」と表すことができます。①では、製品の価値は単純に機能的価値の合計でないことを示しています。また、②では、すべての製品には機能的価値だけでなく、意味的価値もあり、製品によって機能的価値と意味的価値の比率が異なることを示しています。

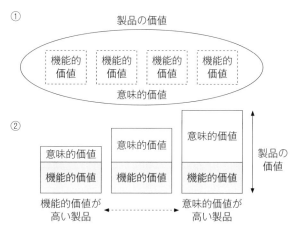

図2 - 6　製品の価値（機能的価値＋意味的価値）

出典：延岡健太郎（2011）『価値づくり経営の論理』日本経済新聞
　　　出版社　p.110を一部改変

　先ほどの架空の電機メーカーの掃除機開発の例(図 2 - 4)で考えてみましょう。消費電力や吸引力という性能は数量的に表すことができ、他社製品とも客観的な基準で比較できる機能的価値といえます。また、充電式という機能の有無も他社製品と客観的な基準で比較できる機能的価値といえます。一方、掃除機のデザインについては、顧客の主観によって評価が異なり、客観的な基準で比較することができない意味的価値といえます。

　また、みなさんにとって身近なスマートフォンという製品の例でも考えてみましょう。スマートフォンを購入するとき、どのような点を検討するでしょうか。スマートフォンのCPUやカメラ性能、ストレージ容量などの客観的な基準が決まっている機能・性能が購入の決め手となった場合、機能的価値を重視しているといえます。一方、スマートフォンのデザインやブランドなどの主観的な価値が購入の決め手となった場合、意味的価値を重視しているといえます。

　なお、意味的価値には、**自己表現価値**と**こだわり価値**という 2 つのタイプがあります。自己表現価値とは、高級車やファッションアイテムなどのように、その製品を所有・使用することで、他者に対して自分のステータス性や優越感を表現できることから生じる価値のことです。一方、こだわり価値とは、自分のお気に入りのアーティストの作品やマニアックなコレクションアイテムなどのように、自分が持つ強いこだわりや思い入れから生じる価値のことです。自己表現価値が顧客にとって外向きの価値であるのに対して、こだわり価値は顧客にとって内向きの価値になります。

　このように、製品の価値は、機能的価値と意味的価値に分類することができます。ただし、機能的価値と意味的価値を厳密に分類することは難しく、また機能的価値と意味的価値のどちらかだけが重要というわけでもありません。

--- ★ まとめ ★ ---

　ここまで、顧客ニーズと戦略について学んできました。企業の競争優位を実現するためには、顧客、競合企業、自社という3つのCの視点、さらには、協力・補完企業というもう1つのCの視点についても考える必要がありました。

　本章では、特に顧客に焦点を当ててきました。企業が顧客に大きな価値を提供するためには、顧客ニーズを把握する必要があります。顧客ニーズには、顧客自身が自覚している顕在的ニーズと、顧客自身が自覚していない潜在的ニーズがありました。

　顧客志向の企業は、顕在的ニーズだけでなく、潜在的ニーズをも掘り起こしていくことで、顧客価値を大きくすることができる可能性があります。顧客価値は、顧客が製品やサービスに認める価値のことで、顧客の支払い意欲を金銭的な価値として把握することができます。また、製品の価値は、客観的な機能・性能といった基準によって評価が決まる機能的価値と、顧客の主観によって評価が決まる意味的価値に分類することができます。近年の顧客価値の創造や競合企業との競争の場面において、意味的価値の重要性が高まっています。

演習問題

①製品やサービスの買い手と売り手が取引する場のことを（　　　　　）という。

②顧客ニーズには、顧客自身が自覚している（　　　　　）ニーズと、顧客自身が自覚していない（　　　　　）ニーズがある。

③（　　　　　）とは、顧客の動向に焦点を当てて戦略を策定しようとする考え方のことである。

④自分が興味を持っている企業の3C分析あるいは4C分析をしてみましょう。

⑤自分が好きな製品やサービスの価値には、どのような機能的価値と意味的価値があるのかを考えてみましょう。

Column

BtoCとBtoB

　企業にとっての顧客とは誰のことを指すのでしょうか。企業の取引形態は、顧客が一般消費者なのか、あるいは顧客が企業なのかによって、それぞれ**BtoC**と**BtoB**に分類することができます。

　BtoCとは、Business to Consumerの頭文字をとったもので、企業が一般消費者に対して製品やサービスを販売する取引形態です。BtoCで取引されるものは**消費財**と呼ばれます。

　一方、BtoBとは、Business to Businessの頭文字をとったもので、企業が企業に対して製品やサービスを販売する取引形態です。BtoBで取引されるものは**生産財**と呼ばれます。なお、BtoCとBtoBはそれぞれＢ２ＣとＢ２Ｂと表記されることもありますが、意味は同じです。

　例えば、スマートフォンのメーカーが一般消費者向けにスマートフォンを製造・販売するのがBtoCで、部品メーカーがスマートフォンのメーカーにスマートフォン用の部品を製造・販売（納入）するのがBtoBです。また、食品メーカーが一般消費者向けに食品を製造・販売するのがBtoCで、食品メーカーが飲食店向けに食品を製造・販売（納入）するのがBtoBです。

　BtoCでは、一般消費者という多くの顧客を対象とするため、顧客ニーズを把握することは簡単ではありません。一方、BtoBの場合は、BtoCの一般消費者と比べるとより限定された顧客企業を対象とし、企業は顧客企業と直接やり取りすることで顧客ニーズを把握していきます。

　また、最近では、さまざまな取引形態が増えています。例えば、**CtoC**（Consumer to Consumer）とは、一般消費者間で行われる取引形態のことです。スマートフォンやフリマアプリなどの普及に伴い、一般消費者間での取引が容易になっています。ほかにも、CtoB（Consumer to Business）、BtoBtoB（Business to Business to Business）、BtoBtoC（Business to Business to Consumer）など、さまざまなタイプの顧客との取引形態があります。

第 **3** 章
競争戦略(ポジショニング・ビュー)

ある日の午後

A：T先生、企業が顧客のニーズを把握して経営戦略を考えているということがわかりました。どの企業にとっても顧客のニーズは重要なのですね。

T：そうだね。企業が製品やサービスを顧客に提供するにあたって、それらを買ってくれるお客さんが何を求めているかをおろそかにするわけにはいかないね。

A：同じ業界で競争をしている企業の場合、お客さんが求めているものが何であるのかによって製品・サービスの提供の仕方が多様ですよね。

T：確かに、そうだね。例えば、このノートパソコンをつくっているV社は過去20年間でさまざまなタイプの製品をつくってきたことで有名だね。

A：はい。V社はノートパソコン市場でシェア1位の企業としてとても有名ですね。

T：ほかにノートパソコンをつくっている企業を知っているかな。

A：ええと、W社やZ社でしょうか。

T：W社の製品はデザインの良さで有名だね。

A：はい。でも価格が高めなので……。

T：実はZ社はノートパソコン事業からは撤退しているよ。

A：そうでした。この前ニュースで取り上げられていましたね。
なぜ同じ業界内でも、V社とZ社のように業績に大きな違いが出てしまうのでしょうか。

Q
　なぜ同じ業界でも、成功する企業と失敗してしまう企業に分かれてしまうのでしょうか?

```
●キーワード
□ ポーターの競争戦略論
□ ポジショニング・ビュー（ポジショニング・アプローチ）
□ ファイブ・フォース・モデル
□ 利益ポテンシャル
□ バリュー・チェーン（価値連鎖）・モデル
```

1 ポーターの競争戦略論（理論的背景）

　企業が業界で生き残るためには利益を獲得する必要があります。そのことから、企業の経営者にとって「どのような市場であれば利益を獲得することができるのか」という問題は極めて重要な視点として捉えられてきました。この視点のポイントは、自社の事業が利益を獲得するためにはどのような条件を満たした市場を見つければ良いのかという点にあります。すなわち、自社をどのような市場に位置付ける（ポジショニングする）かが焦点となります。そのため、こうした考え方は「**ポジショニング・ビュー（ポジショニング・アプローチ）**」と呼ばれます。

　「ポジショニング・ビュー」に分類される戦略論についての代表的な研究はポーター（Porter, M. E.）の競争戦略論です。ポーターはアメリカのハーバード大学の教授であり、産業組織論という分野の研究に基づいて経営戦略に関わるさまざまな理論を提唱している人物です。ポーターは、産業組織論の研究を応用し、企業の経営者の立場から利益を獲得する経営戦略の手法をつくり出してきました。ポーターが着目したのは、産業組織論における「SCPパラダイム」という考え方です。SCPパラダイムとは、産業構造（Structure）と企業行動（Conduct）、パフォーマンス（Performance）の３つの要素で市場の成果を説明しようとする考え方です。すなわち、産業構造（各業界の集中度や製品差別化の程度）が企業行動（製品戦略や価格戦略）に影響を与え、パフォーマンス（生産効率性や資源配分の効率性）を決定付けるという因果関係を想定してい

るのです。ポーターは、このSCPパラダイムに基づいて業界の競争構造に関する分析枠組みを開発しました。

　以下では、ポーターの競争戦略論の中でも企業の戦略を策定するために知っておくべき考え方を 2 点紹介していきます。具体的には、「**ファイブ・フォース・モデル**」と「**基本戦略**」です。それぞれ順番に説明していくことにしましょう。

2　ファイブ・フォース・モデル

　ポーターは、企業が継続的に利益を獲得するためには企業の外部環境である産業構造を理解する必要があるという考え方から、産業の構造的特性を分析する手法を提唱しました。その分析手法が**ファイブ・フォース・モデル**（Five forces、ファイブ・フォーセズともいいます）です。ファイブ・フォース・モデルを用いることで、分析対象とする業界が儲かるか儲からないかということを明らかにすることができます。このモデルでは、儲かるか儲からないかの可能性のことを「**利益ポテンシャル**」と呼びます[1]。ファイブ・フォース・モデルでは、利益ポテンシャルを左右する要因として産業構造を特徴付ける 5 つの要因に着目しています。具体的には、①**既存企業間の対抗度**、②**新規参入の脅威**、③**買い手の交渉力**、④**売り手（供給業者）の交渉力**、⑤**代替品の脅威**の 5

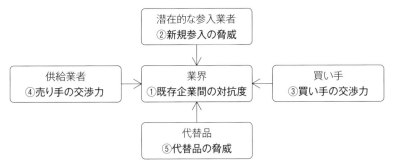

図 3 － 1　ファイブ・フォース・モデルの概念図

出典：沼上（2008）『わかりやすいマーケティング戦略（新版）』有斐閣　p.176を一部改変

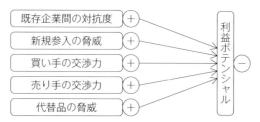

図3－2　5つの競争要因と利益ポテンシャルの関係

つです。図3－1はファイブ・フォース・モデルの概念図を示したものです。

　また、図3－2はファイブ・フォース・モデルの5つの競争要因と利益ポテンシャルの因果関係を示しています。この図に示されている関係は、5つの競争要因がそれぞれ強ければ強いほど（プラスになればなるほど）、利益ポテンシャルは下がる（マイナスになる、儲からなくなる）ということを示しています。

　では、5つの競争要因はどのような状況でより強く影響するのでしょうか。以下では、5つの競争要因が利益ポテンシャルを左右する理由について確認していきます。ここでは、説明を分かりやすくするために、「周囲には自社から利益を奪おうとする人々（企業）しかいない」という前提で話を進めていきます。それでは、5つの競争要因について順番に見ていくことにしましょう。

1 ── 既存企業間の対抗度

　一般的に、企業が競争する特定の業界には、同じような製品・サービスで競合する企業が複数存在している状況が見られます。業界にすでに存在している競合企業のことを**既存企業**と呼ぶことにします。これは、新たに参入してくる企業と区別するためです。既存企業間で行われる競争としては、価格競争や広告競争、新製品開発競争、顧客サービス向上の競争などが挙げられます。これらの競争によって、市場全体の規模が著しく拡大しない限り、その業界の利益ポテンシャルは下がります。

　既存企業間の対抗度を強める要因としては、①既存企業による価格競争や広

告競争などの戦略的な要因と、②産業の成長率や差別化の困難さなどの業界特性に関する要因が挙げられます。

❶ 戦略的な要因

　戦略的な要因としては、特定の業界で競争する企業の数が多ければ、それぞれの企業が自社の市場シェアを高めようとして価格競争や広告競争に力を入れてくることが考えられます。また、その産業の成長率が低い場合には、限られた顧客を少しでも多く獲得しようと、競争意識をより高めることになります。さらに、企業にとって戦略的な価値が高い業界である場合には、赤字が続いたとしても撤退しないため、非常に激しい競争に陥る可能性があります。

❷ 業界特性に関する要因

　業界特性に関する要因では、製品の生産設備への大規模な投資が必要な場合に、投資した分の費用を回収するために設備を最大限稼働させ、多少値引きをしてでも製品を販売しようとすることが考えられます。また、時間が経つと製品の価値が低下するような製品を扱う場合、すなわち、在庫費用が大きい場合も同様に、価格を下げてでも製品を販売しようとして価格競争が激しくなります。

　製品の特徴として、競合企業に対して差別化が困難な場合やスイッチング・コスト[1]が低く、顧客が競合企業の製品に簡単に乗り換えられるような場合には、価格を下げて顧客に自社製品を選択してもらおうと考えるため競争が激しくなります。また、生産能力の必要最低規模の単位が大きい場合、規模拡張をすることで供給能力が過剰となり価格競争が激しくなります。

　競合企業の特性として、本業や国籍が自社とは異なる場合、相手の手の内を読むのが難しいため、競争が激しくなる可能性があります。また、退出障壁といって、その業界から撤退することによって企業が被るコストが大きい場合、儲からなくても撤退しないため、激しい競争が長続きする可能性が高くなります。

★1　製品、サービス、ブランドを変更することで顧客側に発生する金銭的・心理的なコストのことです。

② ── 新規参入の脅威

　企業間の競争においては、自社が競争している業界に新たに企業が参入してくる場合があります。こうした競合企業のことを**新規参入企業**と呼びます。ある業界に新規参入企業が登場することにより、業界全体の生産能力が増大し、製品供給が増加してしまうことが考えられます。また、新規参入企業の登場によって、既存企業は市場シェア拡大への意欲を増大させることも考えられます。これらの理由によって業界における激しい競争が展開される可能性が高くなります。こうした状況では、既存企業は従来の高い価格設定で利益を上げることが難しくなり、価格を低めに設定する必要が出てくるため、その業界の利益ポテンシャルは下がります。

　新規参入の脅威に対して既存企業が対応する方法としては、①参入障壁を構築することや、②予想される反撃の強さを示すことが考えられます。

❶ 参入障壁の構築

　参入障壁とは、ある業界に進出しようとする企業にとって妨げとなる、既存企業が持つ優位性のことを指します。例えば、規模の経済性[★2]や経験効果[★3]が大きく作用する業界には、大きな規模で参入しなければ競争に勝つことは難しく、すでに長年の経験を有している企業が存在する場合には新規企業がコスト面で対抗することは困難な可能性があります。また、大規模な運転資金が必要となる業界の場合、多額の資金を持たない企業は参入を思いとどまることになるでしょう。さらに、既存企業の製品の差別化が効いているような場合、新規参入企業は流通チャネルへのアクセスが難しく、定番となっているブランドを押しのけての参入は極めて困難となります。

❷ 予想される反撃の強さを示す方法

　予想される反撃の強さを示す方法としては、過去に強力な反撃をしたという

★2　第9章p.170参照。
★3　第8章p.148参照。

実績を持っていることや経営資源の豊富さを示すことが考えられます。また、業界の成長率が低い場合には、既存企業が自社の売上低下を阻止しようとして、新規参入企業に強力な反撃をする可能性が高い状況であると捉えることができます。

3 ── 買い手の交渉力

　企業が利益を獲得するためには取引相手が必要となります。自社の製品を購入してくれる消費者、あるいは、企業のことを**買い手（買い手企業）** と呼びます。自社と買い手の取引においては、どちらがより有利な条件を相手に突き付けられるかという交渉力が利益ポテンシャルを左右することになります。買い手の交渉力の具体例としては、できるだけ安くて良質な製品を要求する、同じ値段でもより手厚いサービスを要求する、あるいは値引き要求が考えられます。買い手がさまざまな要求を自社に押し付けるだけの交渉力を持っている場合、その業界の利益ポテンシャルは下がります。

　買い手の交渉力を規定する要因として、①買い手のパワーの強さと、②買い手の価格センシティビティが挙げられます。

❶ 買い手のパワーの強さ

　買い手のパワーとは、買い手が自社に対して購入価格を下げたいという要望を押し付ける強さのことを指します。買い手のパワーの強さを規定する要因としては、買い手の集中度が高い場合や買い手の購入量が売り手の売上に占める割合が大きい場合、自社製品が買い手にとってスイッチング・コストがかからない場合などが考えられます。こうした状況の場合、買い手が自社製品を買ってくれないと利益を上げられないため、買い手のパワーが強くなります。

❷ 買い手の価格センシティビティ

　買い手の価格センシティビティとは、買い手が購入価格を下げたいと思っている希望の強さのことを指します。買い手の価格センシティビティを規定する

要因としては、自社製品の製品価格が買い手の製品コストに占める割合が大きい場合や買い手の利益水準が低い場合、自社製品が買い手の製品の質に重要な差をもたらさない場合などが考えられます。こうした状況の場合、自社製品が値引き交渉の対象になりやすいため、買い手の価格センシティビティが強くなります。

4 ── 売り手（供給業者）の交渉力

　企業が製品・サービスをつくり出すためには供給相手が必要となります。自社製品に用いる材料や部品を供給する企業のことを**売り手（売り手企業）**と呼びます。買い手の交渉力と同様に、利益ポテンシャルを左右する要因は、自社と売り手（供給業者）の取引において、有利な条件を相手に突き付けることのできる交渉力にあります。補足として、買い手と売り手は立場を入れ替えて考えることが可能です。そのため、売り手の交渉力に関する要因については、買い手の交渉力の要因の逆を想定すればよいことになります。

　売り手（供給業者）の交渉力の具体例としては、売り手（供給業者）企業が供給する材料や部品が自社にとって必要不可欠である場合や、売り手（供給業者）企業の数が限られていて、ほかに安く材料や部品を供給してくれる企業を選ぶ余地がない場合、値上げ要求をしてくることが考えられます。売り手（供給業者）が、さまざまな要求を自社に押し付けるだけの交渉力を持っている場合、その業界の利益ポテンシャルは下がります。

5 ── 代替品の脅威

　企業が提供する製品・サービスには、用途が同じであっても全く異なる製品が存在します。ある製品が満たしている顧客ニーズを異なるアプローチで満たす製品のことを**代替品**と呼びます。例えば、スマートフォンは固定電話や音楽再生機器、手帳、地図といった製品の代替品と位置付けることができます。

　自社が競争している業界において代替品が登場すると、自社製品が売れなく

なってしまうことが考えられます。こうした状況に陥らないようにするために企業が注意を要する代替品として、①コスト・パフォーマンス比が急速に向上している代替品と、②高利益を上げている業界の代替品が挙げられます。

❶ コスト・パフォーマンス比が急速に向上している代替品

　代替品の技術進歩が早く、同じような性能の製品が急速に安くなっている場合や、同じような価格で性能が上がっている代替品がある場合、自社製品の価格が急速に低下する可能性や、全く売れなくなる可能性が出てきます。

❷ 高利益を上げている業界の代替品

　代替品の業界が利益を上げている場合、その企業は思い切った値引きを行う可能性が高く、激しい価格競争に陥ることが考えられます。

　以上のことから、自社以外に魅力的な代替品が存在するのであれば、その業界の利益ポテンシャルは下がります。代替品の脅威による利益ポテンシャルの低下を防ぐためには、製品差別化をすることで自社製品にしか満たせない顧客ニーズをつくり出すことや、自社製品のスイッチング・コストを高める施策（例えば、ブランドへの愛着や解約金など）を講じることが考えられます。

　以上がポーターのファイブ・フォース・モデルにおける5つの競争要因です。さらに、ポーターはこのモデルを発展させ、**補完財**という6つ目の競争要因を考慮する必要があると主張しています。補完財とは、複数の製品を組み合わせて使うことで初めて何らかの製品機能が発揮される財のことです。例えば、パソコンとソフトウェアや自動車とガソリン、プリンタとインクの関係などが挙げられます。補完財業界に魅力的な製品を生み出す強力な企業が限られている場合、それらの企業が利益を取っていってしまうため、その業界の利益ポテンシャルは下がります。

6 ── ファイブ・フォース・モデルを用いる際の注意点

　ファイブ・フォース・モデルを用いた分析は、業界の利益ポテンシャルを明らかにする手法として極めて有用性が高く、企業にとって競争戦略とは業界に働く５つの競争要因からうまく自社を守り、自社に有利になるように競争要因を活用できるポジションを業界内に見つけることであると指摘しているのです。しかし、このモデルには注意点もあります。ここでファイブ・フォース・モデルを用いるにあたっての注意点を２点挙げておきます。

　①業界の構造分析による主体的な戦略を考える必要がある

　ファイブ・フォース・モデルを用いた分析により、どの業界が儲かるかを明らかにすることで、その業界を選ぶだけでなく、競争の激しい業界で、どの競争要因に手を加えれば利益ポテンシャルを高められるかを戦略的に考える必要があります。

　②実際のビジネスは競争と協調の組み合わせである

　ファイブ・フォース・モデルの説明では「周囲の人々(企業)は敵」という世界観を想定してきました。しかし、実際には既存企業間ですみ分けが行われる場合や、補完財メーカーと協力関係を結ぶことで長期的な成長を見込める場合もあります。すなわち、この世のすべてが必ずしも敵というわけではなく、協調関係を見出せる場合もあるのです。

　以下では、ファイブ・フォース・モデルで挙げられた５つの競争要因に対処するために企業がとるべき基本戦略について紹介していくことにしましょう。

3　3つの基本戦略

　企業には、厳しい競争環境の中でも生き残ることができている場合と競争に敗れて撤退する場合があります。企業間競争で生き残ることができている企業は、他社と比べてどのような違いがあるのでしょうか。ポーターは企業が生き残るための基本的な戦略を３つのカテゴリに分類できると主張しました。その

図3−3　3つの基本戦略の特徴

基本戦略とは、①**コスト・リーダーシップ戦略**、②**差別化戦略**、③**集中戦略**の3つです。図3−3は、それぞれの基本戦略の特徴を図示したものです。基本戦略は、何に基づいて競争優位を獲得するかという軸と戦略（顧客）のターゲットの幅をどのように設定するかという軸によって分類します。以下では、3つの基本戦略について具体的に説明していくことにしましょう。

1 ── コスト・リーダーシップ戦略

コスト・リーダーシップ戦略とは、競合企業よりも低コストを実現することで、市場の価格決定権を握ることができ、価格面において優位性を築くことができる戦略です。図3−3の分類軸で見てみると、競争優位のポイントは競合企業よりも低いコストであり、戦略（顧客）ターゲットの幅をより広いターゲットとする戦略です。それでは、企業はどのようにして価格面での優位性を築くことができるのでしょうか。

図3−4は、製品コストと販売価格の関係を例示したものです。この図に示されている企業の中で、利益を獲得することができている企業はどこか考えてみてください。製品の販売価格よりも、製品の製造にかかるコストを低く抑えることができているC社が利益を獲得することができていることになります。

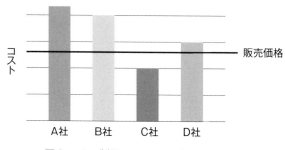

図3－4　製品コストと販売価格の関係

　図3－4の例の場合、C社は競合企業よりも低コストを実現することにより、価格設定における自由度が大きくなります。つまり、このような状態にある企業の場合、販売価格を下げて販売量や市場シェアの拡大を目指した戦略を推し進めることができたり、他社と同等の価格で販売して相対的に高い利益率を確保することができるなど、企業がとりうる戦略の選択の幅が広がります。これにより、市場での競争優位を獲得することができるのです。

　では、どのようにして競合企業よりも低コストを実現すればよいのでしょうか。そのための方法として、①**規模の経済性**、②**シナジー効果（範囲の経済）**[4]、③**経験曲線効果**の3つの効果を考慮した戦略を策定する必要があります。これらの効果により競合企業よりも低コストを実現できれば、他企業との競争を有利に進めることができるでしょう。しかし、コスト・リーダーシップ戦略には注意すべき点がいくつかあります。まず、コスト・リーダーシップ戦略が有利とならない状況について3点指摘しておくことにしましょう。

①市場におけるコスト面での主導権を確保するほどの経営資源がない場合
②攻撃的な競合企業から反撃される可能性が高い場合
③市場の成長率が低い場合

　経営資源を豊富に有している競合企業が業界に存在している場合、その競合

企業は豊富な経営資源を活かして自社よりも積極的にコスト水準を下げるような戦略を打ち出してくる可能性が高くなります。それに加えて、豊富な経営資源を土台として、自社に対して価格競争などで徹底的に攻撃してくる可能性が考えられます。また、競争している市場の成長率が低ければ（すなわち、新規顧客が増えていなければ）、競合企業は顧客を奪い取るための手段としてコスト水準の低下や価格競争を仕掛けることにより、競争の色合いを一段と強めることになるでしょう。

　また、コスト・リーダーシップ戦略の効果が損なわれる要因も考慮しておく必要があります。その要因について2点指摘しておくことにしましょう。

①市場ニーズの変化
②製品や製造方法における技術革新（イノベーション）

　企業を取り巻く競争環境は常に変化しています。上記の要因のように競争環境が大きく変化した場合、企業がこれまで蓄積してきた過去の経験がコスト上の優位をもたらさなくなってしまう可能性があります。このことから、コスト・リーダーシップ戦略による優位は、いつまでも続くとは限らないということを念頭に置いておく必要があります。

2 —— 差別化戦略

　差別化戦略とは、業界の中で「特異性」のあるものを創造することで優位性を獲得しようとする戦略です。具体的には、同業他社が模倣しにくい「特異性」を製品やサービスに付加し、顧客に独自性をアピールして優位性を築く戦略です。図3－3の分類軸で見てみると、競争優位のポイントは競合企業との違いであり、戦略（顧客）ターゲットの幅をより広いターゲットとする戦略です。この戦略が成功している場合、競争の焦点は製品やサービスの「特異性」に当てられることになるため、競合企業との価格競争に注力する必要性が低くなります。

　では、競合企業との差別化を達成するためにはどうすればよいのでしょうか。

企業が差別化戦略を推し進めるうえで必要となることは、自社製品・サービスの「特異性」をつくり出すことです。そこで必要になるのが、マーケティング戦略の領域で用いられる「**4つのP**」という考え方です。企業がターゲットとする市場に働きかけるための手段の組み合わせをマーケティング・ミックスといいます。マーケティング・ミックスは、①**製品（Product）**、②**流通チャネル（Place）**、③**広告・販促（Promotion）**、④**価格（Price）**の4つの要素で企業の戦略を考える方法です。マーケティング戦略では、この4つのPの組み合わせを考えることによって、企業の製品やサービスを特徴付けていくのです。

　企業が差別化戦略をとる際には、マーケティング・ミックスの4つのPの各要素のいくつか、あるいはすべての要素について自社製品・サービスの「特異性」を構築し、競合企業との競争を繰り広げていくことになります。しかし、差別化戦略にも注意点があります。例えば、製品・サービスに対する顧客の要求レベルが高くなり、従来の差別化の程度では満足しなくなってくることや、差別化された製品・サービスの価格が高くなりすぎて、ターゲットとしていた顧客にとって魅力的ではなくなってしまうといったことが考えられます。また、「特異性」が高く競合企業にとっても魅力的な製品・サービスをつくり出すことに成功すると、競合企業も類似の製品・サービスを市場に投入してくる場合があります。こうした戦略を**同質化戦略**といいます。同質化戦略は、業界内で1位のシェアを獲得しているリーダー企業が豊富な経営資源を投入して、差別化戦略を仕掛けてきた企業への対抗措置としてとる常套手段です。

　そもそも市場に製品・サービスを投入している限り、誰でもその製品・サービスを目にすることができます。そのため、魅力的な製品・サービスであるほど競合企業から同質化されてしまう可能性が高くなります。では、競合企業から自社製品・サービスが同質化されないようにするためにはどうすればいいのでしょうか。以下では、同質化を防ぐための差別化の方法を2点指摘しておきます。

①競合企業が保有することが困難な経営資源に基づく差別化
②競合企業が製品のカニバリゼーション（共食い）を起こすような差別化

　競合企業が容易に入手することができない、あるいは、現時点では保有していない経営資源を自社が有している場合、競合企業は同質化するための資源蓄積に時間を要することになります。これにより、一定期間は自社が市場での優位性を獲得することが可能です。また、自社の新製品・サービスが競合企業にとって主力事業と位置付けている製品・サービスを代替してしまうような場合、競合企業の内部では新製品・サービスと類似の事業を展開しようとする際に、主力事業の担当部門から反発が生じる可能性が高くなります。競合企業は、企業内の反発を解消することに経営資源が費やされることになり、市場に投入するまでに相応の時間を費やしてしまうことになるのです。こうした差別化が成功すれば、競合企業の参入が遅れることとなり、他企業との競争を有利に進めることができると考えられます。

③ ── 集中戦略

　集中戦略とは、企業が提供する製品・サービスについて、特定の製品カテゴリや顧客層、地域など、限定した領域に集中することで競争に勝とうとする戦略です。この戦略は、自社が競争する業界内において、潤沢な経営資源を有する競合企業が存在する場合、限られた経営資源を集中的に活用して「局地戦で勝つ」という考え方に基づいて展開されます。図3－3の分類軸で見てみると、競争優位のポイントは競合企業よりも低いコスト、あるいは競合企業との違いのいずれかですが、戦略（顧客）ターゲットの幅を狭く（限定的に）する点に特徴があります。より厳密に区分するならば、戦略ターゲットの幅を狭くして競合企業よりも低コストで競争優位を獲得しようとする戦略を**コスト集中戦略**といい、戦略ターゲットの幅を狭くして競合企業との違いで競争優位を獲得しようとする戦略を**差別化集中戦略**といいます。

　集中戦略は、企業の規模が小さく、競合企業と比べて経営資源が豊富ではないような企業が、業界で生き残るための活路を見いだすために有効な戦略と位置付けることができます。

4 ── 基本戦略を選択する際の注意点

　以上が、ポーターの基本戦略と呼ばれる３つの戦略です。これらの戦略は、自社が業界内でどのようなポジションで競争する（低コストで勝つ、差別化して勝つ、局地戦で勝つ）のかという視点で競争戦略を分類したものでした。企業は、この３つの基本戦略から自社にとって最適な戦略を採用する必要があります。企業が基本戦略を選択する際の注意点としては、原則として複数の戦略の優位性を同時追及してはいけないということが挙げられます。コスト・リーダーシップ戦略をとることで競合企業とのコスト優位を実現し、かつ、差別化戦略をとることで製品の特異性をアピールして顧客の評価を得ることができるのであれば、市場での優位性は極めて高いものとなるかもしれません。しかしながら、コスト・リーダーシップ戦略と差別化戦略を展開するために求められる企業内の取り組みは大きく異なるため、それぞれの戦略に必要な経営資源が分散してしまうという問題だけでなく、複数の戦略を統合して組織的なマネジメントをすることが極めて困難であると考えられるのです。このように、複数の戦略の優位性を同時追及することでかえって市場での競争に失敗してしまうような状況のことを**スタック・イン・ザ・ミドル**（Stuck in the middle）と表現します。例外として、技術進歩などによって画期的なイノベーションが生じることでコスト優位と差別化優位の同時追及が実現できるといった事例も見受けられますが、企業は複数の戦略の優位性を同時追及することを避けるべきであるといえるでしょう。

　以上が競争戦略におけるポジショニング・ビューの代表的な理論です。ポーターのファイブ・フォース・モデルや基本戦略は、企業の戦略策定において極めて有用であったため広く受け入れられることとなりました。しかし、ポジショニング・ビューは産業構造（外部環境）を重視しすぎており、個々の企業の特性についての視点が欠けているという批判などから、理論的な展開を求められることとなります。以下では、ポジショニング・ビューに対する批判に対応して提示された、企業が採用する戦略を決める指針となる企業活動に焦点を当て

たモデルを紹介していくことにしましょう。

4　バリュー・チェーン（価値連鎖）・モデル ──•

　ポーターの競争戦略論は、企業が利益を獲得するための戦略として、業界構造の特徴を詳細に分析し、自社にとって有利なポジションを築くことを重視した考え方でした。しかし、理論的な批判を受け、その後の研究でポーターは、**バリュー・チェーン**（Value chain：価値連鎖）という考え方を提示しました。バリュー・チェーンとは、企業内部で行われる諸活動のうち、どの活動がどの程度の付加価値を生み出しているのかを明らかにするモデルです。図3－5は、ポーターのバリュー・チェーン・モデルを図示したものです。

　バリュー・チェーン・モデルでは、企業の活動を大きく2つに分けて考えます。すなわち、（1）**主要活動**と（2）**支援活動**です。以下では、それぞれについて紹介していくことにしましょう。

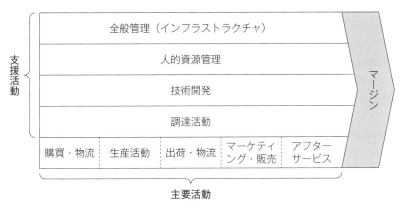

図3－5　バリュー・チェーンの概念図

出典：M.E.ポーター（土岐坤・中辻萬治・小野寺武夫訳）（1985）『競争優位の戦略―いかに高業績を持続させるか―』ダイヤモンド社　p.49

1 ── 主要活動

　ポーターは、企業の主要活動として、購買・物流、生産活動、出荷・物流、マーケティング・販売、アフターサービスの５つの活動を挙げています。これらは、企業活動を川上（製品企画・研究開発）から川下（販売・アフターサービス）に至る一連の活動として捉え、付加価値を生み出す活動ごとに区分したものになります。主要活動として位置付けられる５つの活動は、新たな製品・サービスを開発して市場に投入するまでの間に付加価値が生み出されているという観点から、企業にとって欠かすことのできない基本的な活動ということができるでしょう。

2 ── 支援活動

　バリュー・チェーン・モデルにおける支援活動とは、調達活動、技術開発、人的資源管理、全般管理の４つ活動のことです。これらは、企業の主要活動とは異なる副次的な活動として区分したものになります。支援活動に位置付けられる４つの活動は、主要活動をより効果的かつ効率的に行うための活動としてバリュー・チェーン・モデルに組み込まれています。ここで重要なポイントは、企業の製品・サービスの付加価値を生み出している活動は、主要活動だけでなく、企業の多様な活動においても着目する必要があるという点です。

　バリュー・チェーン・モデルは、企業の個々の活動から自社の競争優位性を洗い出し、他社の強みや弱みを見いだすことで、自社がポーターの基本戦略のどれを採用すべきかの指針を提供してくれる分析手法です。

　ポーターは、バリュー・チェーン・モデルを通じて企業活動を個々の活動単位に区分することで、企業のどの活動が市場における競争力の源泉となっているのか（すなわち、どの活動が付加価値を生み出しているのか）を分析する方法を提示したのです。

―― ★まとめ★ ――

　本章では、自社をどのような市場に位置付けることで利益を獲得すればよいのかという考え方である「ポジショニング・ビュー（ポジショニング・アプローチ）」に関する戦略論を紹介してきました。ポーターの競争戦略論で提示されたファイブ・フォース・モデルと3つの基本戦略を活用することによって、企業は厳しい企業間競争の中であっても生き残ることができるポジションを獲得することが可能となるのです。本章冒頭の「A君とT先生の会話」にあるノートパソコン企業間における業績の違いは、各企業の市場での位置付けが明暗を分ける要因となったと考えてよいでしょう。

　しかし、企業の競争戦略は市場における位置付けにだけ注目しているわけではありません。第4節で紹介したバリュー・チェーン・モデルは、企業の競争優位の源泉を企業内部の活動単位に見いだすという点において経営資源の重要性を指摘しています。第4章では、企業の経営資源に着目した戦略論について理解していくことにしましょう。

演習問題

①競合企業よりも低コストを実現することで、市場の価格決定権を握ることができ、価格面において優位性を築くことができる戦略を（　　　　　　　　　）という。

②製品・サービスについて、業界の中で「特異性」のあるものを創造することで優位性を獲得しようとする戦略を（　　　　　　　）という。

③特定の製品カテゴリ、顧客層、地域など、限定した領域に集中することで競争に勝とうとする戦略を（　　　　　　）という。

④ある業界で競争優位にある企業を取り上げて、ポーターの競争戦略のどれに当てはまるかを考えてみましょう。

⑤ある業界を取り上げて、ファイブ・フォース・モデルを用いた業界の構造分析をしてみましょう。

olumn

経営戦略の新たな視点：ブルー・オーシャン戦略

　本章では、ポーターの競争戦略論について、ファイブ・フォース・モデルと3つの基本戦略を紹介しました。ポーターの競争戦略論では、企業間で行われる競争を前提として、その環境下で企業が継続的に利益を獲得するためには自社をどのような市場に位置付ける(ポジショニングする)かということに焦点が当てられています。これらの考え方は、経営者や実務家が多種多様な業界で共通して用いることができるビジネスに関する分析手法として広く受け入れられることになりました。

　しかし、近年、経営戦略の新たな視点として「競争を前提としない」戦略論が登場しました。それが**ブルー・オーシャン戦略**です。ブルー・オーシャン戦略とは、従来存在しなかったまったく新しい領域に事業を展開していく戦略のことです。この考え方はキムとモボルニュ(Kim, W. C. and Mauborgne, R.)によって提唱されました。

　キムとモボルニュによれば、「ブルー・オーシャンとは、いまはまだ生まれていない市場、未知の市場空間すべて」[2]を指します。これに対して、レッド・オーシャンとは、今ある産業すべてを指します。レッド・オーシャンでは、企業が顧客を奪い合うため競争も激しく、競合との血みどろの戦いが不可避となっています。レッド・オーシャンでは、コモディティ化（製品の機能や品質に差がなくなり、価格によってのみ製品の選択が行われるようになること）が進みやすく、継続的に業績を上げることは困難です。そのため、企業はレッド・オーシャンの中から顧客の視点に立って市場の境界線を引き直す必要があるのです。キムとモボルニュは、顧客の視点から新たな価値を創出することで高度な価値を提供する「**バリュー・イノベーションの創出**」こそが他社と競合することなく事業を展開するために必要な企業活動であると主張しました。

　このように、競争を前提とするポーターの競争戦略論だけではなく、ブルー・オーシャン戦略のような、市場を見つけ出すことで自社の事業を位置付けるポジショニング・ビューの考え方は、企業経営にとって非常に重要な視点ということができるでしょう。

第 **4** 章
リソース・ベースド・ビュー

ある日の午後

A：ポジショニング・ビューで企業経営を考えれば、儲かる市場を見つけることができるのだから、どの企業も利益を上げられるはずだけど……。

T：A君、何を悩んでいるのかな。

A：あっ、T先生。先生に質問があるのですが。儲かる市場を見つけても業績に違いが出てしまいますよね。

T：そうだね。ポジショニング・ビューに基づいて経営戦略を策定していたとしても、業績に違いは出てくるだろうね。

A：ある業界で成功している企業の市場での位置付けを参考にしたら、同じように競争に勝てるわけではないのですか？

T：そうとは限らないよね。企業が持つ経営資源は、それぞれ特徴があるから、どのような経営資源を活用して競争するのかも重要だよ。

A：なるほど。では、多くの経営資源を持っている大企業がやはり有利なのですね！

T：有利であることには違いないけど、そんなに単純な話ではないよ。例えばA君は、このV社のノートパソコンと同じものをA君自身でつくれると思うかな？

A：それは無理です。でも、パソコンメーカーなら同じものをつくれそうですが。

T：本当にそうかな？　もし仮にV社と同じ製品を同じ機械設備を使って他社が製造しようとしても、おそらくうまくいかないはずだよ。

A：まねすることが難しいということですか。

T：そうだね。大企業でなくても、企業が持つ経営資源や組織能力は他社がまねすることが困難である場合には競争優位の源泉になるんだよ。

Q 企業にとって競争優位の源泉となる経営資源や組織能力とはどのようなものなのでしょうか？

┌───┐
●キーワード

□ バーニーの戦略論
□ リソース・ベースド・ビュー
□ コア・コンピタンス
□ VRIO フレームワーク
□ ダイナミック・ケイパビリティ
└───┘

1 リソース・ベースド・ビュー (ポーターの競争戦略論への批判)

第3章では、ポーター（Porter, M. E.）の競争戦略論に代表される**ポジショニング・ビュー（ポジショニング・アプローチ）**について説明しました。ポジショニング・ビューに基づく戦略論では、自社の事業が利益を獲得するためにどのような条件を満たした市場を見つければ良いのかという点に最大の焦点が当てられていました。企業の経営者の視点から実務的な経営戦略の手法を提供してくれるポジショニング・ビューですが、実際の戦略策定においてはいくつかの問題点も指摘されるようになってきました。本節では、その問題点を2つ紹介していくことにしましょう。すなわち、[1]企業間の相互作用についての問題と、[2]競争環境の時間展開についての問題です。

1 ── 企業間の相互作用についての問題

ポーターの3つの基本戦略やファイブ・フォース・モデルの考え方は、企業が今現在置かれているその時点での状況に関する分析手法でした。いわば、ある一瞬を写真に撮り、その場面について競合企業との競争を考えるという視点です。しかし、実際の企業間競争では、企業が市場で利益を獲得するためにさまざまな戦略を策定・実行すると、それに対して競合企業も対抗してきます。すなわち、企業間の相互作用を考える必要があるのです。

こうした企業間競争の相互作用を考える際に有用なアプローチとして、経済

学のゲーム理論があります。ゲーム理論とは、相手の出方を読みながら、最も良い結果になるよう自分の行動を決めるという考え方です。ゲーム理論に基づいて競争戦略を考えると、「相手の出方を読みながら、相互の『打ち手』の成り行きとそれが業界全体にもたらす変化を予想する」[1]ということになります。このゲーム理論的アプローチによる競争戦略に対して、ポジショニング・ビューに基づく戦略論では、競合企業が自社の戦略に対してどのような反応をして対抗策をとってくるのかという点に着目していないという問題点があるのです。

2 ── 競争環境の時間展開についての問題

　第1項で紹介した企業間の相互作用についての問題に加えてポジショニング・ビューの問題点として指摘される点は、競争環境が時間の経過と共に変化していくことに十分対応できないことが挙げられます。企業間の相互作用についても時間の経過による競争環境の変化と捉えることができますが、より一層問題となるのは、これまでは利益ポテンシャルが低い業界であると分析された市場が、ある画期的な技術の登場により利益ポテンシャルの高い市場に変化する。あるいは、ある時点で市場が著しく成長して利益ポテンシャルが高い業界となるといった環境変化が生じる可能性がある場合、ポジショニング・ビューに基づいた戦略論による分析だけでは適切な市場を見誤ってしまうことになるのです。

　以上の2点が実際の戦略策定におけるポジショニング・ビューの問題点でした。ポジショニング・ビューは、ある一時点の外部環境要因に基づいて利益ポテンシャルの高い市場を明らかにするという考え方でした。しかし、企業は外部環境要因のみで自社の競争優位が規定されるわけではありません。企業は、**①経営資源（ヒト・モノ・カネ・情報）を投入（インプット）し、②経営資源を組織内で変換（スループット）し、③物的商品やサービスなどの製品を産出（アウトプット）**するという事業活動を行っています。そのうえで、製品が市場で販売されることによって、企業は売上と利益を獲得しているのです。この

ように、企業は自社内での諸活動において、主体的に競争優位を獲得するための工夫をすることで競合他社との競争を繰り広げているのです。

　こうした企業の経営資源や組織能力を重視した考え方は、「**リソース・ベースド・ビュー（資源ベース・アプローチ）**」と呼ばれます。「リソース・ベースド・ビュー」に分類される戦略論についての代表的な研究は、バーニー（Barney, J. B.）の戦略論です。バーニーは、企業が持つ経営資源について、①顧客に対して価値があり、②業界内で希少であり、③他社が模倣することが難しい資源を保有しており、④それらの資源を活用できる組織体制を有することで持続的な競争優位を獲得できると考えました。

　以下では、企業の内部環境にあたる経営資源に着目した「**コア・コンピタンス**」という考え方とその分析手法である「**VRIOフレームワーク**」、さらには、コア・コンピタンスを活用する組織能力である「**ダイナミック・ケイパビリティ**」について紹介していくことにしましょう。

2 コア・コンピタンス

　リソース・ベースド・ビューは、企業の経営資源や組織能力が競争優位の源泉となることに着目した考え方です。企業が保有する経営資源（ヒト・モノ・カネ・情報）は、企業が競合他社と競争するうえで効果的かつ効率的に活用する必要があります。優秀な人材を集め、希少な資源を自社内に確保しておくだけでは企業は競争に勝つことができません。企業内でそれらの経営資源を組み合わせることではじめて、競合他社には模倣することのできない製品・サービスを提供することができたり、顧客に対して効果的に自社ブランドを認知してもらうことが可能となるのです。このように、企業が保有する経営資源を有効に活用するための組織能力のことを「**ケイパビリティ**」と呼びます。

　企業のケイパビリティは、これまで企業が蓄積してきた知識や技術を結び付けることで画期的な製品・サービスを創出したり、多様な人材を適切な業務に配置したりすることでマーケティング活動や組織の運営を円滑に進めるノウハ

ウを蓄積することになります。こうした取り組みが企業の中核的な競争能力を形成することにつながります。ハメルとプラハラード（Hamel, G. and Prahalad, C. K.）は、こうした企業の競争優位の源泉となる中核能力のことを「**コア・コンピタンス**」と名付けました。ハメルとプラハラードによれば、企業にとってのコア・コンピタンスとなる条件は以下の3つであるとしています。すなわち、①顧客に価値を提供するのに役立つ能力であること、②競合他社が模倣しにくい能力であること、③さまざまな用途に広く活用できる能力であることです。

　ハメルとプラハラードは、1980年代における日本企業の製品が高い技術力で世界的な競争力を持っていることに着目して、ソニーやホンダがコア・コンピタンスを活用している具体例であるとして紹介しています。例えば、ソニーの場合は「製品の小型化」をコア・コンピタンスとして位置付けており、これまでさまざまなエレクトロニクス製品にコア・コンピタンスが活用され、当該製品市場での競争優位を維持してきました。

　それでは、企業にとってのコア・コンピタンスを見つけ出すためにはどうすればよいのでしょうか。以下では、コア・コンピタンスを分析するための代表的な手法であるVRIOフレームワークについて紹介していくことにしましょう。

3　VRIOフレームワーク

1 ── VRIOフレームワークの考え方

　コア・コンピタンスを見つけ出すための代表的な分析枠組みとしては、バーニーの**VRIOフレームワーク**があります。企業に持続的な競争優位をもたらすための経営資源の特徴としてバーニーが提示した要因は、以下の4点にまとめることができます。すなわち、①**経済価値**（**Value**）、②**希少性**（**Rarity**）、③**模倣困難性**（**Inimitability**）、④**組織**（**Organization**）です[1]。この4つの要因の頭文字をとってVRIOと呼ばれています。図4-1は、VRIOフレームワー

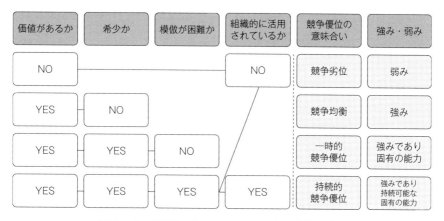

図4-1 VRIOフレームワークによる分析の流れ

出典：網倉久永・新宅純二郎（2011）『経営戦略入門』日本経済新聞出版社　p.59を一部改変

クによる分析の流れを図示したものです。

　企業の保有する資源を用いても、顧客にとって価格があるものを生み出せない、すなわち経済的価値がない場合、その企業は市場での競争上優位な立場に立つことが困難（競争劣位）です。また、企業が経済的価値のある資源を保有していたとしても、その資源が希少でなければ競合企業も同じ資源を利用できるため差をつけることができません（競争均衡）。さらに、企業が経済的価値のある資源を保有し、その資源が希少であっても競合他社が模倣することが容易であるような場合は、競争優位を獲得できたとしても長続きしません（一時的競争優位）。なお、企業が経済的価値のある資源を保有し、その資源が希少であり、競合他社が模倣することが困難であるような場合であっても、資源を上手く活用できる組織体制がなければ競合企業との競争に勝つことができないという、言わば「宝の持ち腐れ」のような状況になってしまう可能性があります。

　以上のことから、VRIOフレームワークでは、①特定の資源が経済的価値の

★1　バーニーは、持続的な競争優位をもたらす経営資源の特徴として、①経済価値（Value）、②希少性（Rarity）、③模倣困難性（Inimitability）、④代替困難性（Nonsubstitutable）の4つを要因として挙げています[2]。そのため、VRINフレームワークと表現する場合もあります。

源泉となっていて、②希少であり、③模倣が困難であり、④資源を活用できる組織体制が整っているという条件がすべて満たされていると企業の競争優位が持続可能であると考えているのです。

2 ── VRIOフレームワークのポイント

　VRIOフレームワークの分析手法は、図4-1に示されている4つの条件を満たした経営資源を企業が保有することができれば持続的な競争優位を獲得できるというものです。企業にとって、ある市場における競争優位というのは競合他社の行動次第ではいつまでも続くとは限りません。リソース・ベースド・ビューに基づく戦略論では、持続的な競争優位を獲得するための条件として、経営資源の模倣困難性を特に重視しています。企業の経営資源が競合企業にとって模倣困難であるのは、以下の3つの場合が考えられます[3]。すなわち、①経営資源が物理的に複製不可能であることや、②経路依存性の存在、③因果関係の曖昧性の存在です。

❶ 経営資源が物理的に複製不可能

　一度取得してしまえば他社が同じものを獲得しようとしても特定の制約があるため入手できないような経営資源があります。例えば、広大な不動産用地や法的に保護された特許などが挙げられます。

❷ 経路依存性の存在

　経路依存性とは、ある歴史的な出来事がその後の出来事に影響を受けるため、特定の経路に依存しないと同様の現象が再現されないことをいいます。例えば、企業特有のノウハウやブランドといった経営資源は時間の経過とともに蓄積され、同じ経路（過去）を経験しないと得られないため模倣が困難です。

❸ 因果関係の曖昧性の存在

　相手企業の経営資源を模倣しようとしても、模倣対象の企業が保有する経営

資源と競争優位との関係を理解できず、何を模倣してよいのか曖昧でわからないという状況にある場合、そこには因果関係の曖昧性が存在します。競争優位にある企業の経営行動は、多数の要因が複雑に絡み合って全体を構成しているため、いくつかの要因を個別に取り出してみても、その経営資源の全体像を把握することが困難である場合がほとんどです。例えば、トヨタ自動車の生産システムを構成する「かんばん方式」の手法だけを模倣しても、トヨタに並ぶ競争力を獲得できるわけではありません。トヨタのモノづくりの優位性は、目に見える「かんばん方式」だけに依拠するのではなく、現場での継続的な改善活動や、それを支える現場社員のノウハウが複雑に組み合わさって達成されているからです。

　また、VRIOフレームワークの分析には注意点があります。企業がVRIOフレームワークに基づいて自社の競争優位の源泉を明らかにしようとする際、候補となる経営資源が非常に多様であると戦略の方向性が定まらないという問題があります。また、企業の経営資源が「顧客にとって価値があるもの」とするためには、自社の強みと弱みを中心とした分析からでは明らかにすることができないという問題があります。さらに、技術革新や社会情勢によって経営環境が変化すれば、企業に競争優位をもたらしてきた経営資源が、弱みに転じてしまう場合があります。そのため、ある時点での分析で明らかにしたコア・コンピタンスを継続的に向上させることで経営環境の変化に対応させていく必要があるのです。

　以上のように、企業の持続的な競争優位に関する考え方は、経営環境が変化する中で経営資源をいかに効果的に活用して、変化に対応した競争優位を獲得すればよいのかという点に焦点が当てられることになります。以下では、経営環境の変化に対してコア・コンピタンスを活用していく組織能力である「ダイナミック・ケイパビリティ」について紹介していくことにしましょう。

4　ダイナミック・ケイパビリティ

1 ── コア・リジリティ（硬直性）

　企業が保有する経営資源を有効に活用するための組織能力であるケイパビリティには、競争優位の獲得に向けた新たな活動を阻害する性質を併せ持つという指摘がされることもあります。企業の経営環境が変化すれば、これまで競争優位をもたらしてきたケイパビリティが企業活動の足かせになってしまう場合があるためです。例えば、成功企業の中には過去の成功をもたらした資源活用パターンにこだわりすぎて次第に競争優位を失ってしまうという、いわゆる「成功体験の罠」に陥ってしまうということが少なくありません。レオナルド・バートン（Leonard-Barton, D.）は、こうした組織能力が新たな競争優位の実現を妨げる逆機能的側面のことを**コア・リジリティ（硬直性）**と名付けました。経営環境の変化によって、企業の既存のケイパビリティがコア・リジリティとして作用してしまうと競合他社との競争に敗れることになるでしょう。こうした状況において、企業はどのような対処をすればよいのでしょうか。

2 ── 環境変化に対応する組織能力

　経営環境の変化が激しい状況下で企業の持続的な競争優位を獲得するためには、企業のコア・コンピタンスを環境変化に対応させていく必要があります。ティースとピサノ、シューエン（Teece, D. J., Pisano, G. and Shuen, A.）は、「急激に変化する環境に対処するために、組織内外の能力を統合・構築し、再構成する組織能力」を**ダイナミック・ケイパビリティ**と名付けました。さらに、ティースは企業のダイナミック・ケイパビリティを具体的に以下の3つに区分しました。すなわち、①感知する能力（Sensing）、②補足する能力（Seizing）、③変革する能力（Transforming）です。

❶ 感知する能力（Sensing）

経営環境の変化による市場の機会や脅威を感知する能力のことを指します。

❷ 補足する能力（Seizing）

感知した機会を補足し、脅威を回避する能力のことを指します。

❸ 変革する能力（Transforming）

経営環境が変化する状況下での競争優位を確立するために、組織内外の既存の資源や組織を再編成し、変革する能力のことを指します。

企業は、競争環境の変化に対して上記のダイナミック・ケイパビリティを構築して既存の資源や組織を再編成することによって持続的な競争優位を獲得し、市場で生き残ることができるのです。

以下では、企業の競争戦略を考えるうえで重要な視点を提供してくれるポジショニング・ビューとリソース・ベースド・ビューの2つの戦略論の関係を整理して、企業が市場で存続するために必要な戦略を確認していくことにしましょう。

5 ポジショニング・ビューと リソース・ベースド・ビュー

ポジショニング・ビューとは、外部環境の機会と脅威を中心として経営戦略を考える立場です。ポーターを代表とするこれらの戦略論では、どのような環境条件に直面している事業が利益を上げやすいのかを分析し、適切なポジションに自社の事業を位置付けて企業を運営していこうとする立場をとっています[4]。これに対して、企業の経営資源や組織能力を重視して経営戦略を考える立場がリソース・ベースド・ビューです。バーニーは、企業が持続的な競争優位を獲得するためには、価値があり、希少であり、模倣困難で、代替困難な経営資源が必要であることを主張しました[5]。

　以上のように、外部環境における自社の位置付けから戦略を考えるポジショニング・ビューと、企業の経営資源や組織能力を重視して戦略を考えるリソース・ベースド・ビューは、一見すると戦略策定の考え方として対立した主張であるように見受けられるかもしれません。

　この点について沼上幹は、「ポジショニング・ビューが経営資源に関する視点で補われる必要があるのと同様に、リソース・ベースド・ビューも市場側の視点で補われる必要がある」[6)]と指摘しています。企業の経営者や実務家にとって、競合他社の動向をふまえて競争を優位に進めていくことも重要ですが、それと同時に自社内の経営資源（ヒト・モノ・カネ・情報）とそれを活用するための組織能力が備わっていなければ競合他社や顧客への対応を適切に進めていくことは難しいでしょう。すなわち、企業は競争戦略を策定するうえで、ポジショニング・ビューとリソース・ベースド・ビューのそれぞれの分析手法を合わせ技で活用していく必要があるのです。

━━ ★まとめ★ ━━

　本章では、企業が外部環境要因のみで自社の競争優位を規定できるわけではないということを指摘したうえで、企業の経営資源や組織能力を重視した考え方である「リソース・ベースド・ビュー（資源ベース・アプローチ）」に関する戦略論を紹介してきました。企業の経営資源を有効に活用するための組織能力であるケイパビリティと、それに基づくコア・コンピタンスの形成、さらには、コア・コンピタンスを見つけ出すための VRIO フレームワークを用いて、競合他社には模倣することが困難な経営資源や組織能力を獲得する必要があるのです。本章冒頭の「A君とT先生の会話」のノートパソコンの例のように、競合他社が同じような製品を同じような仕組みで製造しようとしても、模倣することが困難な経営資源や組織能力を持っている企業は競争優位を実現・維持することができるのです。

　企業の製品やサービスが競合企業との激しい競争の中で生き残るためには、市場側の視点と経営資源に関する視点が重要となります。これに加えて、企業は持続的な競争優位をより強固なものとするために、自社を取り巻く競

合企業や取引相手とどのような関係を築いていくのかを考える必要もあるのです。第5章では、自社と他企業との関係に焦点を当てた「ビジネスシステム」を取り上げて、企業間取引の仕組みを理解していくことにしましょう。

演習問題

①企業が保有する経営資源を有効に活用するための組織能力のことを（　　　　　　）という。

②企業の競争優位の源泉となる中核能力のことを（　　　　　　　　　　）という。

③急激に変化する環境に対処するために、組織内外の能力を統合・構築し、再構成する組織能力のことを（　　　　　　　　　　　　）という。

④ある企業を取り上げて、VRIOフレームワークに基づいた経営資源の評価をしてみましょう。

⑤あなたが興味・関心のある企業を取り上げて、その企業がコア・コンピタンスを環境変化に対応させた事例を調べてみましょう。

Column

創発戦略

　「経営戦略」という言葉は、研究者や実務家の間でさまざまな定義がなされています。しかし、基本的には、経営戦略とは企業のトップが戦略を「事前に計画」して協業と調整を行う必要があるということが想定されています。こうした考え方に基づいた経営戦略を重視する立場を「戦略計画学派」と呼びます。これに対して、実際の企業経営では、事前に経営戦略が策定されていても、さまざまな経営環境の変化によって事前の計画が的外れになってしまうという事態が生じてしまいます。そのため、現場の状況を把握しているミドル・マネジメントが不確実性の高い状況に環境適応させた経営戦略を実行することになります。ミンツバーグとアルストランド、ランペル（Mintzberg, H., Ahlstrand, B. W. and Lampel, J.）は、こうした戦略を「創発戦略」と名付けました。

ホンダの北米事業展開における創発戦略

　ホンダは、1958年に国内で発売した「スーパーカブ」という小型モーターサイクルが大ヒットしたのをきっかけに海外進出を進めます。当初は東南アジアが進出先として有望との調査結果にもかかわらず、当時の専務であった藤沢武夫の判断によって北米市場に進出しました。ホンダは当初、北米の大型モーターサイクル市場で競争する計画でした。日本で成功した「スーパーカブ」ではなく、北米の市場環境に合わせた競争をしようとしていたのです。しかし、ホンダの大型車はエンジンの技術的トラブルが生じたことで販売を断念することになり、最終的には小型車である「スーパーカブ」を主力として市場に展開していくことになりました。現地における戦略の変更により、ホンダの小型車が北米のモーターサイクルに対するイメージを大きく転換するきっかけとなり大ヒットしたのです。ホンダのこの事例は、一見すると「戦略のない事業展開」と捉えられるのに対して、想定外のトラブルに柔軟に対応するため、自社の優位性を最大限活かせる主力製品としての小型車で北米市場を開拓するという「一貫性のある戦略」と捉えることもできます。このように、現場のマネジメントによる戦略的で柔軟な対応は創発戦略の典型例といえるでしょう。

第 **5** 章
ビジネスシステム

ある日の午後

T：A君、遅くまで資料整理のアルバイト、ありがとう。

A：とんでもないです。普段のバイトよりも時給が高いから願ったり叶ったりです。それに、遅くなると先生が夕食をおごってくれますし。

T：そこまではっきり言ってくれる方がおごりがいもあるよ。今日も何か食べていくかい？

A：待ってました！　もちろんご一緒させてください。行ってみたいお店があるんです。3か月くらい前に駅前にできたお店なんですけど、ご存知ですか？　あのお店、ちょっと高いから学生はなかなか行けないんですよ。

T：あのお店ならもう1か月も前に閉店したよ。知らなかった？

A：え!?　本当ですか？　知らなかったです。行っておけばよかった……。でも、不思議ですね。開店当初はすごくにぎわっていてSNSでも話題になってたし、内装もきれいで食事もおいしそうだったのに。

T：A君はどうして一見するとすごく魅力的なお店が、こんなにもすぐに閉店してしまったと思う？

A：価格は学生街のお店にしては高いですよね……。ほかには、うーん。駅前で立地もいいし、食事も魅力的だし、十分に差別化できているような。

T：確かに顧客の立場から見ると、価格や立地、商品の質などが気になるよね。でも、ビジネスで競争に勝つには、そういったわかりやすい視点から考えるだけでは不十分なんだよ。

Q 価格や商品の差別化ではない、ビジネスの競争に影響する要因とは何でしょうか？

●キーワード

□ 持続的な競争優位性
□ 差別化のレベル
□ ビジネスシステム
□ ビジネスシステムの性質
□ ビジネスシステムの評価基準

1 差別化と競争優位性

1 ── 2つのレベルの差別化

　「すごいビジネス」と聞いて、みなさんはどのようなことを思い浮かべますか。トヨタ自動車やAppleなど具体的な企業名を思い浮かべる人もいれば、「売上規模が大きい」「グローバルに展開している」「革新的な製品を提供している」といったことを思い浮かべる人もいるでしょう。

　どのようなビジネスが「すごいビジネス」なのかは人によって異なりますが、経営戦略論においては1つの明確な「すごいビジネス」の定義があります。それは「**持続的な競争優位性**を実現しているビジネス」というものです。「競争優位性」とは、競合他社よりも明らかに大きな多くの利益を上げることができている、という意味です。「持続的な」とは短期的ではなく、ある程度の長期間にわたって競争優位性が維持される、という意味です。わかりやすく言うと、「すごいビジネス」とは「競争関係にある他社のビジネスよりも、長期間にわたって多くの利益を上げ続けているビジネス」と定義できます。

　では、企業が持続的な競争優位性を築くにはどのようにすればよいのでしょうか。再びみなさんの周囲に目を向けてみましょう。「すごく流行していたな」とか、「メディアで取り上げられていたな」という製品・サービスは何でしょうか。きっとさまざまなものを思い浮かべることができるはずですが、その思い浮かべた製品・サービスを、最近でも流行していた当時と同じくらい目にす

ることはあるでしょうか。いくつかのものは当たり前のものとして広く社会に定着しているかもしれません。しかし、多くのものはいつの間にか目にすることがなくなっているのではないでしょうか。

　製品・サービスが広く顧客に受け入れられるということは、それらが効果的に差別化されているということを意味します。そのような製品・サービスであれば、一時的な流行にとどまらず、もっと長い期間にわたり人々に受け入れられていてもおかしくありません。しかし、現実には差別化に成功していた製品・サービスも、比較的短期間でその人気を失ってしまいます。これはなぜでしょうか。

　このような**製品・サービスレベルでの差別化**を通じた成功は、往々にしてとても華々しく、目立ちやすいものです。一方で新製品・新サービスは需要が不確実であるため、その開発や市場への投入にはリスクを伴います。そのため、企業はどうしても新しい取り組みに尻込みしてしまいがちです。しかし、他社が成功を収めたことを目の当たりにするとどうでしょうか。「なるほど、あのヒット製品をまねしたら儲けられるぞ！」と考える企業があってもおかしくはないでしょう。そして、そのような企業がヒット製品を上手に模倣できたならば、つまり顧客にとってヒット製品とほとんど同じ魅力を持つ製品が模倣によって生み出されたのであれば、差別化の効果は弱まります。このような場合、最初にヒット製品を生み出した企業の競争優位性は、他社によって模倣製品が市場投入されるまでの短期間しか持続しません。

　ここまで読み進めて、「そんなに簡単に製品・サービスは模倣できるのだろうか？」と疑問に感じた人もいるでしょう。確かにすべての製品・サービスはそう簡単に模倣できるわけではありません。例えば特許権で守られている技術を用いた製品・サービスは、特許権が存続している期間中は模倣が困難です。また、世界一の技術を持つ職人による製品・サービスも、そう簡単には模倣できないでしょう。しかし、現実にそのような製品・サービスがどれほどあるでしょうか。多くの製品・サービスは模倣困難性の高い経営資源に裏打ちされているとは限りません。

　筆者は以前、とあるラーメンチェーンの社長にインタビュー調査を行いまし

た。その際に最も印象的だったのは、「ラーメンのスープは、他社の人がお店に来てスポイトでこっそりスープを持ち帰り、専門機関に依頼して成分分析をしたら簡単にまねができる」という発言でした[1]。

飲食店の最も基本的な魅力は「おいしい食べ物を提供すること」です。飲食店が成功するにはおいしい食べ物を提供することは不可欠ですし、多くの人々はそれが成功の秘訣であると考えるでしょう。このラーメンチェーンは、全国的だけではなくグローバルにも展開している、日本の飲食店では相当に成功しているといって差し支えない企業です。多くの人々がおいしいと魅力を感じるラーメンを提供しています。その企業の社長が「製品の差別化だけでは不十分である」と言い切るのは、興味深い点といえます。このように、製品やサービスといった「アウトプット」だけをまねることは十分に可能といえます。つまり、一時的な競争優位となってしまうこともあるのです。

2 ── ビジネスシステムの差別化と持続的な競争優位性

　では、製品・サービスレベルでの差別化が短期的な競争優位性しかもたらさないのであれば、持続的な競争優位性は何によって実現できるのでしょうか。それは、事業の**仕組みレベルでの差別化**です。この事業の仕組みのことを**事業システム**あるいは**ビジネスシステム**と呼びます。日本で初めてビジネスシステムに関する議論を整理した加護野忠男と井上達彦は、ビジネスシステム（事業システム）を「経営資源を一定の仕組みでシステム化したもの」[1)]と定義しています。ビジネス・スキームやビジネス・フォーマットなど、事業の仕組みにはさまざまな呼称がありますが[2]、本書ではビジネスシステムに統一します。そして、製品・サービスレベルの差別化と仕組みレベルの差別化の違いを整理したものが表5-1です。

---

[1]　競合他社の製品を入手し、それを分解・分析することでその特徴を理解することをリバース・エンジニアリングと呼びます。これは多くのメーカーで日常的に行われている取り組みです。

[2]　「事業の仕組み」のさまざまな呼称については、加護野・井上（2004）のp.7を参照してください。

表5－1　2つのレベルの差別化

	差別化1	差別化2
方法	製品あるいはサービスの差別化（製品・サービスに違いを生み出す）	事業システムの差別化（事業の仕組みを通じて違いを生み出す）
特徴	・目立つ、わかりやすい ・華々しい成功 ・模倣しやすい ・持続時間が短い	・目立たない。わかりにくい ・目立たない成功 ・模倣しにくい ・持続する

出典：加護野忠男・井上達彦（2004）『事業システム戦略―事業の仕組みと競争優位―』有斐閣　p.5

　当然のことですが、どんな製品・サービスも誰かの手によってつくり出されています。個人あるいは企業は製品・サービスを開発し、それをつくるための原材料を調達します。調達した原材料を加工して製品を生産し、それを流通させることで、私たち顧客に製品は届きます。この流れをより効果的かつ効率的にするためには、従業員同士で協力し、知恵を出し合ってより良く働くための仕組みも必要となります。企業には多くの従業員がおり、彼らが協力して働くことで製品・サービスは提供されます。企業という組織は、従業員の単純な総和以上のものを生み出すことができるからこそ有用です。製品・サービスは、事業活動の結果の一部でしかありません。その背後には、ヒトを動かしモノをつくる仕組みであるビジネスシステムがあります。

　このビジネスシステムを通じた差別化は、製品・サービスの差別化と比較すると相対的に模倣困難であるため、持続的な競争優位性に貢献します。ビジネスシステムを通じた差別化が模倣困難である理由は、次の2つに整理できます。1つ目の理由は、観察の難しさです。製品・サービスは誰でも観察することができます。しかし、企業にはそのビジネスシステムを公開する義務はありません。公開されていなければ十分には観察できず、観察できなければ模倣することもできません。

　2つ目の理由は、その複雑性です。ビジネスシステムはさまざまな要素が組み合わさることで機能しています。製品・サービスの提供には、製品の開発、

原材料の調達、生産、流通などといった直接的に関わる活動もあれば、研究や人材育成のような間接的に関わる活動まで、実にさまざまなものがあります。また、それらの活動を可能にする技術や知識などの経営資源もあります。これらが相互に関係し合うことではじめてビジネスシステムは機能し、製品・サービスが提供されます。各要素を個別に観察できたとしても、その関係のあり方まで他社が完璧に把握することは容易ではありません。

　これらの理由から、ビジネスシステムの模倣は難しく、したがってビジネスシステムを通じた差別化は長期的に持続すると考えられているのです。

2　ビジネスシステムの理解：事例と性質

1 ── ビジネスシステムの事例：公文教育研究会

❶ 公文教育研究会の概要

　ここまでビジネスシステムと持続的な競争優位性との関係性について説明してきましたが、まだビジネスシステムのイメージはつかめていないと思います。そこで本節では、公文教育研究会（以下「公文」）を事例[3]として、まずは実際の企業のビジネスシステムを具体的に見ていきます。そして、それをふまえてビジネスシステムの定義や性質を理解していきます。

　公文は幅広い年代の人々に、算数・数学、英語、国語（母国語）などの教育サービスを提供する企業です。表5－2で示すように、公文のビジネスは日本国内だけではなく、海外にも広がりを見せています。日本国内の公文の教室数は、コンビニエンスストアチェーン店舗数第2位のファミリーマート（2022年現在）とほぼ同じ数です。公文は大きな成功を収めた、日本を代表する教育サービス企業であるといえるでしょう。

---

　[3]　公文教育研究会の事業内容などは公文教育研究会のウェブサイトを、公文教育研究会のビジネスシステムについては井上・真木（2010）を、それぞれ参照してください。

表 5 - 2　公文教育研究会の学習者数と教室数（2022年現在）

	日本国内	世界
展開する国・地域数	61の国と地域（日本を含む）	
学習者数	136万人	225万人
教室数	15,600教室	8,000教室
教室指導者数	14,000人	8,000人

出典：公文教育研究会ウェブサイト

❷ 公文の教育サービス

　公文が提供する教育サービスは、簡単にいうと「フランチャイズ方式による
プリント教材を用いた教室での個別指導」です。指導者のほとんどは子育て経
験のある女性です。教室は団地であれば集会所、住宅街であれば指導者の自宅
にあります。学習者は教室が開いている時間内であれば好きな時間に教室を訪
れることができます。教室を訪れた学習者は、前回宿題として渡された教材を
指導者に提出し、採点してもらいます。宿題の出来に応じて指導者は学習者が
次に学ぶべき教材を選び、それを学習者に渡します。教材を受け取った学習者
は好きな座席に座り、教材を解きます。教材を解き終えると指導者に提出し、
すべて正解であれば宿題の教材を受け取って帰宅します。間違えた問題があれ
ば、学習者が自分でその問題を解く手助けとなる教材を指導者が選び、学習者
に渡します。学習者は座席に戻ってその教材を解き、すべて正解であれば宿題
を受け取って帰宅します。この間、指導者は学習者が解いた教材をつぶさに観察
してヒントを与えるものの、具体的かつ答えに直結するような解法を教えるこ
とはありません。これが一般的な公文の教室で行われている教育サービスです。
　この公文の教育サービスを見ると、「指導者は授業もせずに教材を渡すだ
け？」と感じる人もいるでしょう。実際に教室で行われていることだけを見る
と、それはその通りです。しかし、本当に公文の教育サービスがこのようなシ
ンプルなものにすぎないのであれば、公文を模倣して成功する企業があっても
おかしくありません。にもかかわらず、日本ではそのようなビジネスはあまり
見かけず、公文は長期間にわたり確固たる地位を築いています。これは顧客と
して観察可能な公文の教育だけを眺めていても読み解けません。

❸ 公文のビジネスシステム

　ここからは公文のビジネスを、教育サービスの内容、つまり製品・サービスの視点からではなく、本章のテーマであるビジネスシステムの視点から考えてみます。

　前述の通り、公文の指導者は一斉授業も具体的な指導も行いません。それは、公文が掲げる教育の目標のキーワードが「自学自習」と「ちょうどの学習」だからです。「自学自習」とは読んで字のごとく、自分に必要なことを考え自ら学んでいく姿勢のことです。自ら積極的に学んでいくためには、自分自身の力で課題を乗り越え成長を実感する喜びが必要です。この喜びを実感するために必要なのが「ちょうどの学習」です。算数・数学を例にとると、公文のプリント教材はレベルごとに６Ａ（幼児レベル）からＶ（大学レベル）までのアルファベットに分けられていますが、それらは１つのレベルごとにさらに最大200枚に分けられています。つまり、プリント教材１枚ごとの進み幅が非常に小さいということです。これにより、学習者は自分のレベルに合った教材を確実にクリアしていくことができます。

　また、一般的な学習塾とは異なり、公文は学年ごとにクラスや教材が分かれていません。そのため、学習者は学年を問わず自分にちょうど合ったレベルの教材に取り組むことができます。「ちょうどの学習」を通じた「自学自習」の習得こそが、公文が提供する価値といえます。

　しかし、この公文の価値は、ただ細かくレベル分けされたプリント教材さえあれば実現できるわけではありません。学習者一人ひとりの「ちょうど」を見極めて、指導者が適切な教材を渡す必要があります。前述の通り、公文の算数・数学の教材は幼児レベルから大学レベルまでの27段階にも分かれています。それらはさらに各レベルで最大200枚に分かれているため、算数・数学の教材は合計で5,000枚以上にもなります。指導者はこの膨大な枚数の教材の内容を理解しており、さらにある教材につまずいた学習者には別のどの教材のどの問題を解かせることでそのつまずきを自分でクリアできるようになるのか、教材間の関係性まで熟知しています。この教材への深い理解があるからこそ、一見するとただ計算問題が書かれたプリント教材が、自学自習を身につけるための優

れた教材として機能するのです。

　このような教材の理解はそう簡単にできるものではありません。指導者は数か月にわたる研修を受け教室を開設しますが、そのあとも2年間は指導者としての本契約を結ぶことはできず、インストラクターとして働きます。そして、その間の指導や経営の内容で、本契約を結ぶかどうかが決まります。

　このインストラクター期間中には、インストラクター・アドバイザー制度というものがあります。これは、公文の事務局が信頼できるベテラン指導者を選定し、インストラクターのメンターや相談役を務めてもらう制度です。この制度は、単に指導の技術的な内容を伝えるだけではなく、インストラクターの公文指導者としての姿勢や精神性を醸成することにもつながります。公文の指導者のほとんどは、公文の従業員としてではなくフランチャイズとして教室を運営しています。つまり、指導者は公文とは独立した一人の経営者なのです。一般的に上司は部下に対して従うべき指示を出す権限を有しています。そして、この権限を通じて部下の行動を望ましい方向へとコントロールします。しかし、前述の通り公文の指導者は従業員ではありません。したがって、このような権限を通じたコントロールはできず、指導者は公文が目標とする「ちょうどの学習」を通じた「自学自習」を追求しない、公文の想いとは異なる指導をしてしまう可能性があります。それを防ぐために、権限に基づく縦の関係ではなく、同じ指導者同士という横の関係を用いて、公文の事務局と指導者たちが同じ方向を向くよう工夫をしています。公文の指導者には定年がありません。したがって、どの地域にも公文の生き字引のようなベテラン指導者がいます。彼女たちと日常的に交流することで、駆け出しの指導者は自然と公文の指導者としてのあり方を学んでいくのです。

2 ── ビジネスシステムの性質

❶ システム性

　公文の事例を通じてビジネスシステムのイメージはつかめたでしょうか。ビジネスには提供する価値があり（「ちょうどの学習」を通じた「自学自習」の

習得）、それを実現するために工夫された製品・サービスがあり（細かくレベル分けされたプリント教材）、さらにその背後にはより良くねらいを達成するための仕組み（指導者の教育・支援制度）があります★4。ビジネスシステムを理解するうえで重要なことは、ビジネスの構成要素（提供する価値、製品・サービス、それらを背後から支える仕組みなど）は相互に強く関係し支え合っている、ということです。難しい表現になりますが、「システム」とは「構成要素同士が特定の形で相互に関係することで機能する全体」を意味します。したがって、ビジネスシステムの構成要素のどれか1つだけを切り出して模倣しても意味がありません。だからといって、システム全体を模倣するには、そのシステムの重要な構成要素を特定し、それら同士の関係性を深く理解してシステムをつくりあげるか、あるいは買収などを通じてシステム全体を手に入れる必要がありますが、これらには膨大な時間や金銭的コストがかかります。ビジネスシステムを通じた差別化が模倣困難であり、そのため持続的な競争優位性の確立につながる理由はここにあります。

❷ 長期性と創発性

ビジネスシステムには、ある程度長期的に継続されたビジネスの結果としてできあがる創発的なもの、という側面があります。公文では、教材を用いた指導の裏には教材の活用方法に関する知識やノウハウがあり、それらはインストラクター・アドバイザー制度などを通じた指導者同士のつながりによって共有されています。重要な知識やノウハウを一朝一夕で創造・蓄積することはできません。そして、それらをどのようにビジネスの中に位置付けて活用していくのか、つまりビジネスシステムのほかの構成要素との関係性のあり方をどのように設定するのかは、試行錯誤の中でさまざまな気付きを得ることで定められていきます。ビジネスシステムの構築は時間を要するものであり、そしてそれはビジネスを続けていく中で変化し続けるという点も、ビジネスシステムを通じた差別化が模倣困難である理由です。

★4　加護野・井上（2004）では、「誰に」（顧客）、「なにを」（提供する価値）、「どのように」（仕組み）の3つを、ビジネスシステムの中核をなす事業コンセプトと定義しています。

❸ 固有性

　同じ業界・産業でビジネスを行う企業間ではある程度の類似性があるものの、基本的にビジネスシステムはその企業固有のものです。それは、提供する価値や保有する経営資源、歴史的経緯や置かれた文脈が異なるからです。ビジネスシステムとして捉える範囲の設定にもよりますが、まったく同じビジネスシステムは1つとしてありません。競合相手のビジネスシステムを可能な範囲で観察し参考にしつつ、それをそのまま模倣しようとするのではなく、自社の文脈に落とし込んで理解し取り入れていく必要があります。時代を超えた不変の性質を持つ自然とは異なり、私たちが生きる社会も、その一部であるビジネスも、その性質は常に変わっていきます。ビジネスシステムの固有性は、この社会のありようを現しているといえるでしょう。

3　ビジネスシステムの評価基準

　本章で繰り返し述べてきたように、持続的な競争優位性の確立にはビジネスシステムを通じた差別化が有効です。ただ、ビジネスシステム自体はビジネスの仕組みですから、どのビジネスにも存在します。ここでは一歩踏み込んで、どのようなビジネスシステムが優れているのかを評価する5つの評価基準について考えていきましょう。

1 ── 有効性

　どのビジネスも、製品・サービスを通じて何らかの価値を顧客に提供しています。顧客は製品・サービスそれ自体を必要としているわけではありません。製品・サービスを購入し使用することで抱えている課題を解決できたり、幅広い意味で幸せになると考えたからこそ、それらを購入します。つまり、ターゲットとして設定した顧客に、ねらい通りの価値を届けることができるビジネスシステムは有効性が高いと評価できます[5]。

2 —— 効率性

あるビジネスが提供する価値が唯一無二のものであることは、ごく一部のビジネス以外にはほとんどありません。同じ業界の企業同士であれば、扱う製品・サービスのカテゴリーが同じである以上、どうしても提供する価値は似たものになることがあります。そのような場合、より少ない経営資源で効率的に価値を提供できるビジネスシステムの方が優れていると考えられます。

3 —— 模倣困難性

製品・サービスと比較するとビジネスシステムは模倣しにくいですが、ビジネスシステムにも模倣しやすいものと模倣しにくいものがあります。個人経営の飲食店は、レシピの開発、食材の調達、調理、店舗の運営などで成り立っていますが、これらは総じて模倣できます。したがって、参入する人々も多いのですが、ビジネスシステムを通じた差別化ができていないため、その多くが短命に終わります。

これに対して複数店舗を展開しているファミリーレストランのビジネスシステムは相対的に複雑です。食材の大量調達、セントラルキッチンでの加工、各店舗への流通、調理や接客のマニュアルの作成などが必要となります。そのため、チェーン間の競争はありますが、新規参入企業は限られます。

4 —— 持続可能性

ビジネスを続けていくうちに無理が生じてしまい、持続できないビジネスシステムを高く評価することはできません。例えば腕が立つ職人がおり、その職

★5　ねらいとは異なる形で顧客に価値が伝わらなかった場合、そちらの方が良さそうであると判断してビジネスの方向性を変えていくこともあります。このような考え方は、「軸足を中心に回転する」という意味の英語である「ピボット」と呼ばれ、スタートアップビジネスにおいては一般的です。

人を最大限に生かした高品質の製品・サービスを展開しているビジネスがあるとしましょう。ビジネスシステムもそのために最適化されており、ビジネスを始めた当初はとてもうまくいっていました。しかし、人は歳をとります。ビジネスシステムの中心的な位置を占める経営資源であるその職人も、いずれ歳をとり引退します。そうなると、このビジネスシステムは破綻します。このような状況を防ぐためには、その職人の知識やノウハウを伝承する工夫を考え、その職人が健在のうちにビジネスシステムに組み込む必要があります。

　また、社会は常に変化しており、それに応じてビジネスシステムを変化させていくことも、ビジネスシステムが持続していくためには必要です。商店街ではなく大型ショッピングモールで買い物をする人々が増えたのも、共働き家庭が増え、日々の買い物に時間をかけられなくなったという社会の変化が影響していると考えられます。

5 ── 発展可能性

　これは、そのビジネス自体が発展する可能性があるか、というものです。例えば、コンビニエンスストアは「利便性」を提供しています。近年では各種チケットの購入や公共料金の支払いなど、扱う製品・サービスの範囲を広げています。具体的なモノではなく抽象的な利便性を自らが提供する価値とし、それに基づいてビジネスシステムを構築したことが、コンビニエンスストアの大きな発展につながったといえるでしょう。

—— ★ まとめ ★ ——

　私たちは企業の成功の理由を「製品・サービスレベルでの差別化」に求めがちです。このレベルでの差別化による成功はとても華々しいものですが、同時に目立ちすぎるあまりに他社の模倣を招いてしまうため、その成功は長続きしません。

　成功、すなわち競争優位性を持続的なものにするには、製品・サービスレベルだけではなく、価値を提供するために経営資源を一定の仕組みでシステム化したものであるビジネスシステムのレベルでの差別化が必要となります。経営資源やそれと関連する活動など、ビジネスはさまざまな要素から成り立ちます。それらの要素が相互に関係し複雑で模倣困難なビジネスシステムとなることで、そのビジネスは持続的な競争優位性を確立できる可能性が高まるのです。

演習問題

①ビジネスが価値を提供する仕組みのことを（　　　　　　　　　　）という。

②差別化は（　　　　　　　　　）レベルと（　　　　　　　）レベルに分類できる。

③ビジネスシステムの優劣は（　　　　　　）、（　　　　　　　）、（　　　　　　　　　）、
　（　　　　　　　　）、（　　　　　　　　　）という5つの基準で評価できる。

④あなたの身近にあるビジネスのビジネスシステムを調べて記述してみましょう。

⑤④のビジネスシステムを、本章のコラムにおいて述べている「ビジネスモデルキャンバス」を用いて分析してみましょう。

Column

ビジネスモデルとビジネスシステム

　近年、ビジネスシステムと関連する概念として「ビジネスモデル」が脚光を浴びています。ビジネスシステムがそのビジネスに固有のものであるのに対して、ビジネスモデルはさまざまなビジネスに共通する普遍的な要素を抽出したもので

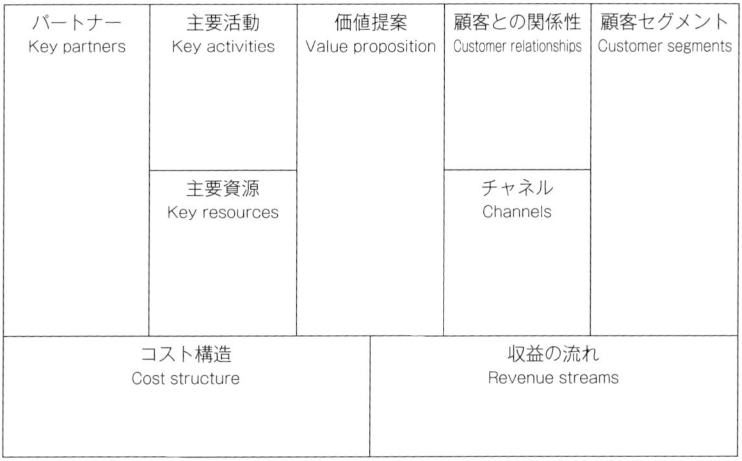

パートナー Key partners	主要活動 Key activities	価値提案 Value proposition	顧客との関係性 Customer relationships	顧客セグメント Customer segments
	主要資源 Key resources		チャネル Channels	
コスト構造 Cost structure			収益の流れ Revenue streams	

顧客セグメント：最も重要な顧客はどのような人々なのか？
価値提案　　：顧客がこのビジネスを利用する理由や魅力は何なのか？
チャネル　　：顧客セグメントに価値を届けるにはどのようなチャネルが適切なのか？
顧客との関係性：顧客セグメントはこのビジネスとどのような関係でありたいのか？
収益の流れ　：顧客はどのような価値にお金を支払っているのか？
主要資源　　：価値提案に必要な資源は何だろうか？
主要活動　　：価値提案に必要な活動は何だろうか？
パートナー　：主要なパートナーは誰なのだろうか？
コスト構造　：このビジネスにおいて最も重要なコストは何だろうか？

図5－1　ビジネスモデルキャンバス

出典：アレックス・オスターワルダー・イヴ・ピニュール、小山龍介（訳）（2012）
　　　『ビジネスモデル・ジェネレーション　ビジネスモデル設計書』翔泳社　p.44を改変

す。つまり、ビジネスの基本的な「モデル」となるものがビジネスモデルである
といえます。

　ビジネスモデルとビジネスシステムの関係性は、ビジネスモデルがビジネスの
骨格であるのに対して、ビジネスシステムはその骨格に肉づけしたものと考える
と理解が進みます。何も参照せずに新しいビジネスをつくり出すのは困難です。
しかし、普遍的なモデルを参照するだけでは、模倣が容易なありふれたビジネス
にしかなりません。まずビジネスの骨格となるビジネスモデルの諸要素を整理し、
それを自社のビジネスとして形にしていくには何をすればよいのかを具体的に落
とし込むことで、普遍的なビジネスモデルから模倣困難なビジネスシステムをつ
くり出すことができます。

　ビジネスの骨格となる要素を抽出してそれらの関係性を示した、ビジネスモデ
ルを理解するための優れたフレームワークも数多く提示されています。図5－1
で示した「ビジネスモデルキャンバス」もその1つです。こういったフレームワー
クを使いこなしビジネスモデルの基本を抑えることが、優れたビジネスを形にす
るための第1歩となります。

第 **6** 章
全社戦略

ある日の午後

A：T先生、質問があるのですが、経営者の役割って何ですか？

T：おもしろい質問だね。A君が思う経営者の役割はどんなものかな？

A：「企業の代表」とか「最終責任者」ということはわかるのですが、具体的な内容はなかなかイメージできないです。

T：なるほど。A君が言った「企業の代表」や「最終責任者」というのはもちろんあっているよ。経営者（トップマネジメント）の役割については、「マネジメントの父」と呼ばれるドラッカーが、著書『マネジメントIV―務め、責任、実践―』の中で言及しているよ。そこでは、トップマネジメントの役割は非常に多岐にわたるとしたうえで、どの企業もトップマネジメントの役割を必要としているが、具体的課題はまちまちであり、各社のミッションや目標、戦略や活動によって異なるとしているんだ。そのうえで、「トップマネジメントとは何か」が問題なのではなく、「企業が勝ち残るうえで必須の課題のうち、トップマネジメントにしか対処できないものは何か」「事業全体を眺め、現在と将来のニーズを調和させ、的確な最終判断を下せるのは誰か」を自問するとしているんだ。

A：うーん。なんか漠然とした話ですね。

T：確かに難しい部分も多いけど、経営戦略の観点から経営者（トップマネジメント）の役割について考えてみよう！

Q

経営者の役割として、経営戦略の観点からどのようなことが挙げられるでしょうか？

```
●キーワード
□ 全社戦略
□ ミッション、ビジョン
□ 経営者（トップマネジメント）
□ 多角化
□ 製品ライフサイクル
□ 新製品採用者分布
```

1　全社戦略とは

1 ── 経営戦略の階層性

　第1章では、経営戦略には、組織の階層に応じて3つのレベルの戦略があることを学びました。具体的には、図6−1に示すように会社全体に関わる「**全社戦略**」、事業部単位の「**競争戦略**」、事業部の各機能に関わる「**機能別戦略**」です[1]。

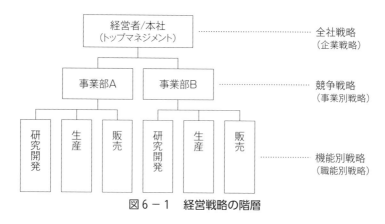

図6−1　経営戦略の階層

---

[1]　図6−1の組織は「事業部制組織」と呼ばれる組織構造です。実際の企業が必ずこのような組織図になっているかというとそうではありません。事業部と同じ階層に販売部や研究開発部がある組織もあります。

　「機能別戦略」には、どのような商品を誰にどうやって売るのか（誰にどのような価値をどうやって届けるか）に関するマーケティング戦略や、どうすれば商品を効率よく生産できるかに関する生産戦略などが当てはまります。例えば、キリンホールディングス（KIRIN）が「生茶」という個別のブランドの売り方やつくり方を考える場合は、機能別戦略を考えていることになります。

　「競争戦略」では、第3章で学んだように、事業として市場でどうやって競争していくかを考えます。キリンホールディングスの例でいえば、「生茶」というブランドだけでなく、同社が展開するほかの清涼飲料水を含めた飲料事業としてどのように市場で競争していくかについて考えることを指します。例えば、緑茶の商品を増やすとか、現在販売している炭酸飲料を強めの炭酸と弱めの炭酸の2つのタイプに分けるといったことを考えます。

　それに対して本章のテーマである「全社戦略」は、英語で**Corporate Strategy**と表記されるように、会社全体の戦略を指します。実はキリンホールディングスは飲料事業だけでなく、医療の領域（例：医薬品）とヘルスサイエンスの領域（例：乳酸菌を使った健康機能食品）でも事業を展開しています[2]。これら3つの領域で事業を展開する企業として、**経営者（トップマネジメント）**が今後どのような方向に進むべきか（進みたいか）、ということを検討するのが全社戦略の内容になります。例えば同ホールディングスでは、「食領域の収益力強化」「医薬事業の飛躍的な成長」「ヘルスサイエンス事業の立ち上げ・育成」という事業ごとの位置付け・方向性が示されており、これが全社戦略の内容に該当します。全社を取り巻く外部環境と内部環境（経営資源）の状況次第では、3つの領域のうち、特定の領域に経営資源を集中させる、3つの領域を2つに統合する、逆に4つ目の領域を開拓する、といった判断を迫られることになります。

　それぞれの「機能別戦略」は「競争戦略」に基づいて策定され、「競争戦略」は「全社戦略」に基づいて策定されます。では、「全社戦略」はどうでしょうか。仮に外部環境と内部環境を分析した結果、3つのオプション（選択肢）が出て

★2　キリンホールディングスについては同社HP（https://www.kirinholdings.com/jp/）を参照（2023年5月時点）。

きたとして、1つに絞る際の判断基準はどこにあるのでしょうか。「全社戦略」の上位にくる概念（考え方）には何があるでしょうか。

「全社戦略」では、「**ミッション**」という企業の存在意義（われわれは何者なのか）を示したものと、「**ビジョン**」という企業の将来のあるべき姿（われわれは何を目指すのか）を示したものが意味するところを最優先にして考えられます。近年、利益は出ているけれど一部の地域や人々に損害を与えている（と思われている）企業は、株式市場で評価されにくくなっています。地球環境や社会に配慮しているかということや、ミッションとビジョンと「全社戦略」が同じ方向を向いているか。言い換えれば、「全社戦略」がミッションとビジョンを具現化できる戦略になっているかといったことが投資家の間で重視されつつあります（例：ESG投資[★3]）。その意味で、一歩間違えれば、企業の生命線ともいえる資金調達[★4]に暗雲が立ちこめる可能性もあるのです。

本章をここまで読み進めてみて、全社戦略は何だか難しそうだな、という印象を抱いたかもしれません。経営者（トップマネジメント）が悩みに悩んで考える戦略ですから、その印象は間違っていませんし、「生茶」をどうやって売るかといった課題と比べると、全社戦略は具体的なイメージがしにくいというのも難しそうな印象を与える原因かもしれません。そこで、本章ではあまり多くのトピックは盛り込まず、「**全社戦略の役割**」と、全社戦略を理解するうえで理解していただきたい「**製品ライフサイクル**」という考え方を紹介したいと思います。

2 —— 全社戦略の役割

全社戦略は、対外的（対市場的）には企業が今後どの領域に力を入れようとしているのか、それらの領域で成長できるのかどうかについて、投資家や取引先、競合企業、顧客が判断する際の材料となります。また、対内的（社内的）には従業員に努力の方向性を伝える役割を担います。

★3　第13章p.232を参照してください。
★4　企業の資金調達については第11章で紹介します。

　全社戦略は、企業のミッションとビジョンが反映されたものになっていることが求められます。ミッションは企業の存在意義を示すもので、企業の最も上位にくる概念です★5。ビジョンは企業の将来のあるべき姿を示すもので、ミッションの下位にくる概念です。時間軸でみると、ミッションは永続的で原則的に変更しないもので、ビジョンはミッションよりも時間軸が相対的に短く、状況に応じて変更する可能性があるものです。

　キリンホールディングスのミッションとビジョンを見てみましょう。2023年時点のキリンホールディングスのミッションは、「自然と人を見つめるものづくりで、『食と健康』の新たなよろこびを広げ、こころ豊かな社会の実現に貢献します」となっています。これをコーポレートスローガンとしてわかりやすく「よろこびがつなぐ世界へ」と表現しています。同ホールディングスはこのミッションへ向けたビジョンとして、2027年までに「食から医にわたる領域で価値を創造し、世界のCSV先進企業となる」ことを掲げました。CSVとは、Creating Shared Value（共通価値の創造）の略です。CSVは、企業が社会的な課題に取り組む中で、社会的価値と経済的価値の両方を創造し、競争力を高める、という考え方で、2011年にハーバード大学のポーター（Poter, M. E.）とクラマー（Kramer, M. R.）が提唱しました★6。

　キリンホールディングスの全社戦略は、このミッションとビジョンをもとに、3つの事業領域の具体的な方向性を示すものとなっています。先述したように、その3つとは「食領域の収益力強化」「医薬事業の飛躍的な成長」「ヘルスサイエンス事業の立ち上げ・育成」です。既存事業である食領域と医薬領域で収益・売上を向上させることと新規事業であるヘルスサイエンス事業を軌道に乗せることが同ホールディングスの基本的な方針であることがわかります。投資家や取引先、競合企業、顧客、従業員といったステークホルダーは、同ホールディングスの全社戦略をふまえて各自考え・意思決定をすることになります。例えば、ヘルスサイエンスに注目している投資家であれば、同ホールディングスは

★5　近年では、ミッションと同じように「企業の存在意義」という意味で「**パーパス**」（Purpose）や「パーパス経営」という言葉も用いられるようになっています。
★6　第13章p.231も参照してください。

新たな投資対象となるでしょう。食領域の収益力を強化するのであれば、原材料等を提供している取引先（売り手）は、同ホールディングスからのコスト削減要求に備え、設備投資を検討する必要があるかもしれません。

　以上のように、全社戦略は、企業が展開している事業と展開しようとする事業（撤退しようとする事業を含む）すべてを対象として考えられた戦略ということになります。事業の位置付けや全社的な資源配分の方向性など、経営者（トップマネジメント）だからこそ決断できる内容です。これは言い換えれば、全社戦略は、1つの事業のみを営む企業にとってというよりは、複数の事業を展開する（あるいは複数の事業を展開しようとする）企業にとってより重要性が高い戦略ということになります。企業が複数の事業を展開することを、「**多角化**」といいます。実は、全社戦略の議論の中心は、多角化戦略だと言っても過言ではありません[7]。

　多角化企業は、複数の事業を抱えるが故に、ある問題に直面します。それは自社の成長を最大化するためには、どのような事業群を展開したらよいか（あるいは展開しない方がよいか）、限られた経営資源をどの事業にどれだけ配分すればよいか、という問題です。これらの問題に対処するために、経営者は各事業が置かれている状況を予測・分析する必要があります。そのうえで役立つ考え方が次節で扱う「製品ライフサイクル」です。

2　製品ライフサイクル

1 ── 製品ライフサイクルとは

　われわれ人間と同じように、産業や商品にも「一生」があり、新しく生まれ、成長し、成熟し、衰退します。産業や商品によってそのペースやフェーズ（期）は異なりますが、歴史をさかのぼれば、多くの産業や商品で同じようなサイク

---

[7]　本章も、多角化企業を想定して話を進めていきますが、多角化戦略を含む全社的な戦略の詳しい説明は、第7章〜第10章で「成長戦略」として紹介していきます。

ルが観察されています。経営学ではこのサイクルを「**製品ライフサイクル**」と
呼び、ライフサイクルのフェーズごとに理想的な戦略（戦略の定石）は変わる、
という話が展開されます。

　具体的には、図 6 - 2 のように、ライフサイクルを**導入期・成長期・成熟期・
衰退期**の 4 つのフェーズに分けて考えます。図の縦軸は売上高・利益、横軸は
時間です。導入期はなかなか売上が伸びませんが、成長期に急速に伸び、成熟
期で頭打ちとなり、衰退期で落ち込んでいく、という軌跡をたどっています。
利益は、導入期前半はマイナスですが、成長期、成熟期にかけて上昇し、衰退
期に減少していきます。なぜこのような軌跡を描くのでしょうか。次項で詳し
くみていきます。

　そもそも全社戦略の章で「製品ライフサイクル」を紹介するのはなぜでしょ
うか。それは、各事業における製品ライフサイクルを見極めながら全社戦略を
考えることが企業の成長を最大化するうえでとても重要だからです。通常、多
角化企業では、事業ごとに製品ライフサイクルのフェーズが異なります。成長
著しいけれどまだまだ利益が伴わない事業もあれば、成長は止まっているけれ
ど利益は出ている事業があるかもしれません。企業によっては既存の事業のほ
とんどが衰退しつつある（売上が減少しつつある）かもしれません。企業全体
の成長を最大化しようとする場合、各事業のライフサイクルを考慮しながら新

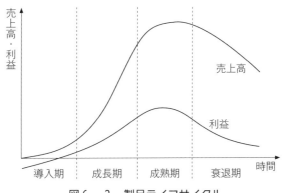

図 6 - 2　製品ライフサイクル

規に事業を立ち上げたり、事業から撤退したり、特定の事業に経営資源を集中
させたりする必要が出てきます。そのため、全社戦略に「製品ライフサイクル」
は欠かせない要素になるのです。

　製品ライフサイクルを学ぶうえで注意しなければいけないことが２つあります。１つ目は、産業や商品によってライフサイクルの軌跡は異なるということです。産業や商品によっては、衰退せずに生き残り続けることもありますし、すぐに消滅することもあります。とても長い期間成長することもあれば、一瞬で成長が止まることもあります。新しいテクノロジーの登場は、市場の急速な成長の一因となることもあれば、衰退の一因になることもあります。政府の規制（あるいは規制緩和）の影響を受けるかもしれません。よって一概に何年で次のフェーズに移るといった予測は誰にもできないということに注意が必要です。しかし予測できないからといって製品ライフサイクルに意味がないと考えるのは誤りです。製品ライフサイクルを学ぶことで、「次のフェーズにいつ移るかはわからないけれど、次のフェーズではこういうことが問題になるはずだから、こういう対策を打てるように今のうちに準備しておこう」といった思考ができるようになるだけで大きな収穫なのです。

　２つ目は、製品ライフサイクルは、産業レベルだけでなく、個別の製品レベルにも当てはめることができるということです。例えば、自動車産業全体だけでなく、プリウスという個別の製品レベルにも、ライフサイクルはあります。そのため、全社戦略だけでなく、機能別戦略や競争戦略を考えるときにも役立つ内容になります。

2 —— 製品ライフサイクルの４つのフェーズ

　本項では、製品ライフサイクルのフェーズごとにどのような特徴があり、どういった戦略が理想的なのか説明していきます。表６−１には各フェーズの、目標、売上、利益、競合企業、消費者のタイプがまとめられています。表をもとに各フェーズについて詳しく説明していきたいと思います。

表6−1　製品ライフサイクルの4つのフェーズ

	導入期	成長期	成熟期	衰退期
目標（基本方針）	普及を防げるボトルネックの解消 ※なるべく競争しない。	市場成長率以上の成長 ※他社から顧客を奪うよりは最初に自社ブランドを選んでもらう。	顧客の囲い込み ・他社からの顧客の奪取 ※パイの奪い合いに勝つ。	市場に残るか、撤退するかを意思決定
売上	緩やかに上昇 ※ボトルネックの解消まで。	急速に上昇 ※売上が伸びてもそれが自社ブランドを選択してのことなのかたまたま買ってくれたのかの見極めが重要。	最大だが成長はピークアウト ※技術革新や市場の変化により再成長する可能性もゼロではない。	何もしなければ減少
利益	マイナスのことが多い ※初期投資が大きいほど回収するまで時間がかかる。	ゼロからプラスに転じる ※成長のための投資がかさめばプラスの幅は小さい。	競争に勝てば最大 ※シェア上位であるほど利益は出やすい。	何もしなければ減少 ※何とか利益を上げる方法を考えたい。
競合企業	少ない ※市場が成長をみせるまでは様子見をする企業が多い。	新規参入が相次ぐ ※市場の成長を見て参入。	増えない／減少 ※入れ替わりが少なく、撤退を視野に入れる企業もある。	減少 ※撤退する企業の増加。
消費者タイプ	イノベーター ※新しいものを選好。	・オピニオンリーダー ※性能と価格などを吟味。 ・初期多数派 ※周りが使っていると気になる。	後期多数派 ※周りが使っているからこそ安心して買える。	リピーターや遅滞者

❶ 導入期

導入期は、新しい製品やサービスが市場に導入されたものの、需要がまだ大きくない時期です。導入期の需要がなぜ大きくないのかというと、新しさゆえに、本当にその製品・サービスが自分を満足させてくれるのか不安を感じる（例：製品・サービスの値段が品質の割に高いなと感じたり、比較検討できる製品・サービスが少ないことから、価値があるのかどうかの判断が難しく感じたりする）消費者が多いことや、企業が十分な生産体制を整えられていないこと、そもそも製品・サービスの存在を知られていないことなどが原因として挙げられます。

例えば、今では当たり前になったスマートフォンにも導入期がありました。スマートフォンは簡単にいえば、携帯電話（いわゆるガラケー）にEメールやWebブラウジングやファイル閲覧などのPC（パソコン）に備わる機能が付いた携帯端末ですが、発売当初はどういう使い方があるのか、値段に見合った価値があるのか「よくわからない」と感じる人が多くいたはずです。確かにガラケーよりは画面が大きく、できることも多いですが、「PCでよいのではないか」と考える人も多かったことでしょう。

導入期で企業がとるべき戦略の基本方針は、競争相手から顧客を奪うのではなく、製品・サービスの普及を妨げている**ボトルネック**を解消して消費者が買いやすい状況（市場が拡大する土台）を整えていくことです。スマートフォンにおいては、メーカーがスマートフォン（手のひらに収まる簡易PC）にどれだけ価値があるのかを理解してもらえるようなプロモーションを講じたり、通信会社が基地局を増強して通信速度や通信料の改善を図ったりすることで、ガラケーから買い換えることへの抵抗感を弱めていきました。

製品・サービスの普及のボトルネックを考えるとき、製品・サービスに「ネットワーク外部性」という特性があるかどうかもポイントになってきます。ネットワーク外部性とは、その製品・サービスを使う人が増えれば増えるほど、その製品・サービスの価値が高まるような特性を指します。例えばLINEのようなコミュニケーション系のアプリケーションは、そのアプリケーションを使っている人が多ければ多いほど、やりとりできる人が増えるので便利になります。

そうした特性のある製品・サービスであれば、とにかくアプリケーションをダウンロードしてもらうことが最優先事項になるため、最初は大きな赤字が出てもアプリケーションをダウンロードして使ってもらうために投資を続ける、といったことが有効な手段になることがあります。

❷ 成長期

　導入期で普及のボトルネックを解消できれば、製品・サービスに対する需要が急速に大きくなる**成長期**に入ります。スマートフォンを使う人が増え、どういった使い方をすれば便利なのかがわかるようになると徐々に需要が高くなっていきます。同時に、どういった機能を追加・改善していけばよいのか、といったことも徐々にわかってくるため、企業は安心してスマートフォンに投資できます。そうすれば製品の種類が増えたり、大量生産により価格を抑えた製品が登場したりするでしょう。また、導入期には参入をためらっていた企業も市場が成長する様子を見ながら参入してくる可能性があります。消費者からすれば「買って失敗する」リスクが減るため、さらに需要が大きくなります。

　成長期に需要が急速に大きくなるという現象で注目したいのは、**消費者の変化**です。新しいということに価値を置いていた導入期の消費者とは異なり、成長期では、製品・サービスの質や値段をさまざまに比較・評価して「買い」かどうかを冷静に判断する消費者や周りが使っているから買ってみようというような判断をする消費者が市場に入ってきます。各フェーズでどういったタイプの消費者を相手にすることになるのかは第3項で説明します。

　成長期に企業がとるべき戦略の基本方針は、**市場の成長率以上の成長**を遂げることです。成長期はある意味で市場が盛り上がっている時期です。誤解を恐れずにいえば、消費者がたくさん市場に入ってくるため、大きな努力をしなくても成長する（売上が伸びる）ことがありますが、これに満足してはいけません。市場の成長率以上に成長するためには、他社製品よりも自社製品を購入してもらう必要があります。他社製品から乗り換えてもらうというよりは、最初の購入で自社製品を選んでもらい、リピート購入につなげることが大切です。

❸ 成熟期

　成熟期は、需要が横ばいになり、産業の規模がピークを迎える（成長が止まる）フェーズになります。成熟期になると新規の需要というよりは、買い換えやリピートの需要が大半を占めるため、競争がより一層激しくなる時期でもあります。

　成熟期を生き残っていくための基本方針は、既存顧客にリピートしてもらうこと（顧客を囲い込むこと）と、他社製品から自社製品に乗り換えてもらう（顧客を奪うこと）の両方に気を配ることです。両方をうまく実現できれば、利益も最高水準となります。もちろん商品に無関心でなかなか購入に踏み切らないとされるラガード（遅滞者）というタイプの消費者をターゲットとすることも可能ですが、ラガードを購入につなげるのは費用対効果という点では合理的な判断とはいえず、かえってコスト高になることも多いです。化粧品、飲料、通信、航空、建築など、みなさんが目にする産業の多くが成熟期にあると言っても間違いではないでしょう。それらの産業では、いかに自社製品が他社製品よりも優れているか（**差別化**されているか）を訴求することで、**顧客の囲い込み**と他社からの乗り換えを実現しようとしています。

　成熟期が進むと、競争の勝敗がはっきりするようになります。成長期に多くの企業が参入するのに対して、成熟期は企業の数や市場地位が安定していき、中には数社のみになる産業も出てきます。多角化企業としては、ここで生き残り、市場シェアを確保できれば、収益を上げる事業として会社を支える存在になるかもしれません。そうでなければ撤退の可能性を模索する時期でもあります。

❹ 衰退期

　衰退期は、需要が減少し、産業としての魅力が低下するフェーズになります。企業は、成長期、成熟期と大きな需要に応えるために設備投資をしてきましたが、ここにきて**設備が過剰**である（供給力が過剰である）ことに悩まされるようになります。需要量よりも供給量が大きければ、企業は値下げをして何とか製品・サービスを販売しようとしますが、他の企業も同じようなことを考える

ので、値下げをした分、利益率が悪化していくということを経験するようになります。こうした状況をふまえて、多くの企業が「この産業は衰退の道をたどる」と予測すれば、研究開発や商品開発に資源が投入されにくくなります。そうすれば、競争力のある製品・サービスや消費者にとって魅力のある製品・サービスが供給されなくなり、ますます衰退の道を進むことになります。

　衰退期において企業がとるべき戦略の基本方針は、**撤退するか撤退しないか**、撤退しないのだとしたら**状況を打破するために何かを変える**、ということになります。撤退するのであれば、事業を止める決断（清算、譲渡、売却など）をするだけですから、簡単なのではと思うかもしれませんが、実はそうではありません。まだこの事業には挽回のチャンスがあるのではないかと撤退の意思決定を先延ばしにしてしまうこともあります。また、撤退に際してその事業に携わる人材をどうするか、取引先との関係をどうするか、株式市場への影響はどの程度か、といったことを考慮しながら慎重に進めていく必要もあります。

　撤退しない場合はどうでしょうか。他社の撤退を期待して**残存者利益**をねらう戦略もあります。他社が撤退すれば産業全体の供給量は減るため、利益が出る水準で需要と供給が保てるかもしれません。

　残存者利益をねらわないのであれば、**事業を再定義**する必要があります。エーベル（Abell, D. F.）は、**誰に（顧客グループ）・何を（顧客機能）・どのように（技術）**という３つの軸で事業を定義することを提案しています。この３つの軸のいずれか（あるいはすべて）を変えることで新しい需要を獲得できるかもしれません。例えば、1990年代のPC市場は、自社開発のハードやソフトを使って自社で組み立てるという垂直統合型の産業から、ハードやソフトを異なる企業が開発・生産する水平分業化が進展した産業に変わったことで、多くのメーカーにとって儲かる市場ではなくなりました。儲かるようになったのはMicrosoftのようなPCを構成するソフトを専門につくる企業やIntelのような特定のハードを専門につくる企業です。そこでもともと自前でハードとソフトをつくって組み立てていたIBMは、PC本体をつくって売る事業を、PCを使って仕事をする企業にソリューションを売るという事業に再定義しました。PC本体を売っていた時代は、PCを使って仕事をしたいという顧客のニーズ（エー

ベルの3つの軸のうちの顧客機能に相当する部分）には応えられたかもしれません が、PCを使ってこの問題を解決したいという顧客のニーズまでは応えられませんでした。しかし、事業を再定義したことで、例えば、既存のシステムを改善してサプライチェーンにおける情報共有を効率化したいなどといった顧客の要望の深いところまで応えられるようになり、事業としても大きな成功を収めることになりました。このように衰退期にも戦略の基本方針があり、経営者（トップマネジメント）は自社の事業の進退を決断していく必要があります。

③ ── 消費者の特徴と製品の普及

　製品ライフサイクルでは、各フェーズでどういったタイプの消費者が中心的な存在になるのかということを理解することが重要になってきます。企業は消費者のタイプに応じて製品・サービスの機能や品質を見直す必要があるかもしれません。

　これらを考えるうえでロジャース（Rogers, E. M.）が述べた、新しい製品・

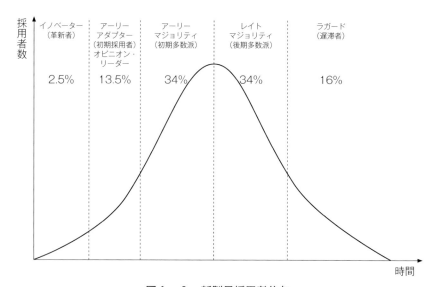

図6－3　新製品採用者分布

サービスが購入される時期によって消費者のタイプが5つに分けられるというイノベーター理論について説明していきたいと思います。

　図6-3にあるように、新しい製品を購入する消費者は、「**イノベーター（革新者）2.5%**」「**アーリーアダプター（初期採用者）13.5%**」「**アーリーマジョリティ（初期多数派）34%**」「**レイトマジョリティ（後期多数派）34%**」「**ラガード（遅滞者）16%**」の5つに分けられます。

　イノベーターはわかりやすくいうと新しいものが大好きな人たちです。情報感度が高く、新しく登場するものに目を光らせており、多少値段が高くても、失敗のリスクが高くても、良いと思うと購入する人たちです。消費者全体の2.5%と割合としてはかなり少ないです。

　市場が成長していくと、「アーリーアダプター（初期採用者）」が製品・サービスを購入し始めます。イノベーター（革新者）と比べると製品・サービスの特性を上手に周りに伝える伝道師のような役割を果たします。みなさんの周りにも、家電やレストランや車についてとても詳しく、色々なものと比較しながらわかりやすく教えてくれる人がおり、そういった人の意見を参考に製品・サービスを買った経験はありませんか。アーリーアダプター（初期採用者）は「**オピニオンリーダー**」とも呼ばれ、アーリーマジョリティ（初期多数派）の購買行動に多大な影響を及ぼす存在です。アーリーアダプター（初期採用者）は、消費者全体の13.5%を占めます。

　急速に市場が大きくなり成長のピークを迎える過程で、消費者は「アーリーアダプター（初期採用者）」→「アーリーマジョリティ（初期多数派）」→「レイトマジョリティ（後期多数派）」と移り変わっていきます。アーリーマジョリティ（初期多数派）は購入に慎重な姿勢を見せますが、オピニオンリーダー（アーリーアダプター）の意見をふまえて購入することが多いです。「レイトマジョリティ（後期多数派）」はアーリーマジョリティ（初期多数派）よりも懐疑的です。この消費者タイプは、みんなが持っている・使っているという理由で購入することが多いです。「アーリーマジョリティ（初期多数派）」と「レイトマジョリティ（後期多数派）」を合わせると68%とかなりのボリュームになります。「ラガード（遅滞者）」は最後に製品・サービスを買う消費者です。

絶対に買って失敗しないという確信が持てなければ購入に踏み切らないタイプで、全体の16%ほどを占めます。

　製品ライフサイクルのフェーズが進む過程で消費者のタイプが変わっていくのだとすると、企業は彼らの特性をふまえた戦略をとることが求められます。例えば、「アーリーマジョリティ（初期多数派）」の購入につなげるために、「アーリーアダプター（初期採用者）」を特定して、SNS等で製品・サービスの良いところ（時に要改善ポイント）について紹介してもらうといったことができるかもしれません。また、みんなが持っている・使っていることで安心して購入する「レイトマジョリティ（後期多数派）」向けには、すでに多くの人が所持・使用していることを伝えるようなプロモーションを展開するといったことができるかもしれません。

　ここまで、イノベーター（革新者）からラガート（遅滞者）まで順序立てて説明してきましたが、時間の経過とともにスムーズに次の消費者タイプに移行するかというとそうでもありません。特にアーリーアダプター（初期採用者）からアーリーマジョリティ（初期多数派）への移行、すなわち導入期から成長期が本格的に始まるタイミングは注意が必要です。ムーア（Moore, G. A.）は、イノベーター（革新者）とアーリーアダプター（初期採用者）が多くを占める市場を「初期市場」、アーリーマジョリティ（初期多数派）以降の市場を「メインストリーム市場」と呼び、2つの市場の間には越えるべき大きな溝（キャズム）があるということを指摘しました。各消費者のタイプとの対話（プロモーション）の仕方を間違えるとキャズムに落ちることになります。

　例えば、「新しさ」を求めるイノベーター（革新者）には、これまでにない機能やスペックであることをアピールすることがよいかもしれません。アーリーアダプター（初期採用者）には、その機能やスペックが具体的に何にどう役立つのか（要するにどのような価値があるのか）を丁寧に説明する必要があるかもしれません。一方でアーリーマジョリティ（初期多数派）やレイトマジョリティ（後期多数派）は、機能やスペックよりも使用者の口コミの数や内容が気になるでしょう。すなわち「話題になっている」「流行っている」といった印象をどのように伝えられるかが重要になってきます。このように、導入期か

ら成長期に移行するプロセスにおいては、消費者のタイプが大きく変わるため、それを理解して適切に対応していくことが求められます。

★ まとめ ★

　第6章では、全社戦略とは何か、全社戦略の役割、製品ライフサイクルについて説明してきました。全社戦略は、経営戦略の3つの階層のうち最上位にくる戦略であること、企業のミッションやビジョンを具現化したものであること、複数の事業を持つ多角化企業の戦略を考えることと適合的であることを紹介しました。多角化企業が抱える事業には、新しく立ち上げたばかりで投資ばかりがかさむ事業もあれば、成熟した産業で稼ぎ頭になっている事業があったりします。全社戦略を考える経営者（トップマネジメント）には、製品ライフサイクルの各フェーズの特徴を考慮しながら、自社の成長を最大化できるような**事業構成**（**事業ポートフォリオ**）にすることが求められます。

演習問題

① ミッションとは、（　　　　　　　　　　　　）を示したものをいう。

② ビジョンとは、（　　　　　　　　　　　　　）を示したものをいう。

③ 複数の事業を展開する（　　　　　）企業では、事業ごとに製品ライフサイクルが異なる。具体的には4つのフェーズ（期）、すなわち（　　　　）期→（　　　　）期→（　　　　）期→（　　　　）期である。

④ 3社以上の企業のホームページやアニュアルレポートを参照し、その企業のミッションとビジョンと全社戦略の関係が整合的かどうかを調べ、わかったことを比較しながらまとめてみましょう。

⑤ 衰退しつつある産業をいくつか挙げ、それぞれの産業にいる企業がどのような戦略をとっているのかを比較し、わかったことをまとめてみましょう。

導入期にあるEV（電気自動車）市場

　2023年時点でまさに導入期にあると考えられるのがEV（電気自動車）市場です。日本市場では、EV（電気自動車）を以前よりは見かけるようになったものの、購入にふみ切れない消費者は依然として多くいます。それは充電スタンドの数の少なさ、燃料費の相対的な高さ、航続距離の短さ、EV車の割高感、EV車の選択肢の少なさなどが原因となっていると思われます。供給される製品・サービスが質的・量的に低く、購入にふみ切れない消費者が多くいる状況では、売上高は低水準で成長も緩やかとなり、利益は出てもわずかかマイナスとなります。

　市場全体のボトルネックを解消することに注力せずに、競争相手と異なる給電口（ガソリン車でいう給油口に相当する箇所）を設定して差別化を図り、顧客を囲い込もうということを導入期の段階でするとどうなるでしょうか。おそらく消費者は、どのタイプの給電口のEVを買えばよいか不安になるでしょう。そうではなく、むしろ給電口は自動車産業全体で統一して（これを業界標準といいます）、どのEVを買ってもだいたいの充電スタンドが使えるという状況にした方が、はるかに消費者の不安を取り除くことができます。同時に、充電スタンドが増えるように自動車メーカー同士で協力したり、国に働きかけたりします。このように導入期には、必要に応じて競争相手と協調しながら、特に国をも巻き込んで市場を整備していくことを優先した方がよいといえます。経営者（トップマネジメント）は、自動車事業が他社と協調するような戦略を展開できるように支援する必要があるかもしれません。これからEV市場は導入期を乗り越えて成長期・成熟期に至るのでしょうか。注目していきましょう。

　EV市場には、ガソリンエンジン車を長年手がけてきた老舗メーカーもいれば、EVのみを製造・販売している新興メーカーもいます。中でもこれまでガソリンエンジン車を手がけてきたメーカーはEV化の波（広い視点で見れば脱炭素化の波）にどのように取り組むのかということについて、それぞれ異なる考え方を持っています。その典型例がトヨタとホンダです。2023年時点では、どちらのメーカーもEVの開発を進めていますが、トヨタはEVだけでなく、燃料電池車（FCV）や水素エンジン車、ハイブリッド車など、さまざまなタイプの自動車を開発する方針であるのに対して、ホンダはEVと燃料電池車（FCV）に絞って自動車を開発する方針をとっています。今後の自動車業界において、各社の戦略の違いがどのように評価されるのかについても注目していきましょう。

第 **7** 章
成長戦略 1（多角化）

ある日の午後

T：熱心に企業情報を見ているね。

A：T先生、こんにちは。実は、夏休みに開催されるインターンシップ
　　に申し込もうと考えていて、その候補を探しているところなんです。

T：何か面白い情報は見つかったかな？

A：そうですね。このP社はコンビニエンスストアとして最大手ですが、
　　スーパーマーケット事業や金融関連事業も行っているんですね。あ
　　と、Q社は住宅やオフィスの清掃サービスのイメージが強かったの
　　ですが、お菓子の製造・販売も行っているみたいですね。初めて知
　　りました。

T：確かに多くの会社が複数の事業を展開しているね。これを「多角化」
　　というんだけど、その展開の仕方は、企業の経営戦略によって大き
　　く異なるんだ。

A：特にQ社は全く異なる業界で事業を行っているんですね。どうして
　　わざわざ業界が異なる複数の事業を行うのですか？　何かを掛け持
　　ちで行うのはとても大変に思うのですが。

T：確かに多角化は大変なのだけど、うまく多角化できれば異なる事業
　　それぞれに良い効果が出るんだよ！

Q 企業が多角化によって複数の事業を持つことにどのような
　　メリットがあるでしょうか？

●キーワード
□ 成長マトリックス
□ リスク分散
□ シナジー効果
□ 関連事業型
□ 参入コスト

1　多角化とは

1 ── 成長マトリックス

　企業には「ゴーイング・コンサーン」という継続企業の前提があります。これは、どのような経営環境にあったとしても企業を存続させていくことを前提として経営を行うことを意味します。そのためには、企業を成長させていかなければなりません。では、経営者はどのように企業を成長させることができるでしょうか。企業の成長を考える際に役に立つ枠組みの一つに、アンゾフ（Ansoff, H. I.）の**成長マトリックス**（製品-市場マトリックス）があります（表7－1）。

　成長マトリックスでは、企業の成長には**市場浸透**、**市場開発**、**製品開発**、**多角化**の4つの方向性があることが示されています。市場浸透では、既存の製品で現在の市場ニーズを満たすことをより一層追求します。市場開発では、既存

表7－1　成長マトリックス

市場ニーズ ＼ 製品	既存	新
現	市場浸透	製品開発
新	市場開発	多角化

出典：H・I・アンゾフ（中村元一・黒田哲彦訳）（1990）『最新・戦略経営―戦略作成・実行の展開とプロセス―』産能大学出版部　p.147

の製品で新しい市場ニーズを満たすことによって成長を図ります。製品開発では、新製品を開発し、それによって現在の市場ニーズに対応します。多角化は、製品と市場ニーズの両面で自社に経験がない事業への進出を図ります。そして新事業に進出するため、企業は複数の業界で事業を展開することになります。

　現在、多くの企業が経営を多角化させています。例えば、トヨタ自動車を持つトヨタグループでは、自動車事業のほかに、住宅事業、マリン事業、アグリバイオ事業、ウェルウォーク事業を展開しています。また、株式会社セブン-イレブン・ジャパンを持つセブン＆アイグループでは、コンビニエンスストア事業のほかに、スーパーストア事業、百貨店・専門店事業、金融関連事業などを有しています。ほかにもJR東日本グループでは、鉄道事業やバス事業を含む運輸事業のほかに、流通・サービス事業や不動産・ホテル事業などを展開しています。

　このように多角化とは、企業が複数の業界で事業を展開することを意味します。成長マトリックスには成長の4つの方向性が示されていますが、このうち、市場浸透、市場開発、製品開発の3つは既存事業の拡大にあたります。これに対し、多角化は新規事業への進出にあたります。すなわち、多角化だけが複数事業の展開を通じて企業全体の成長を目指す全社戦略であるといえます。

2 ── 多角化を行う3つの状況

　では、なぜ企業は多角化を行うのでしょうか。ここでは企業が多角化という行動を取り得る3つの状況を挙げます。

　1つ目の状況は、さらなる成長の機会を追求する場合です。企業が市場浸透、市場開発、製品開発といった既存事業の拡大では企業目標を達成できないと判断したとき、さらなる成長の機会を追求するために多角化を行います。企業を取り巻く環境は常に変化します。自社製品が製品ライフサイクルの衰退期のステージに入ると、需要は下がり、売上高も低下していきます。事業が衰退期に入る前に企業は何らかの手を打つ必要があり、その手段として多角化を行います。また、たとえ既存事業の拡大で企業目標が達成できるとしても、既存事業

の拡大と比較して多角化の方が魅力的であると考えるときには多角化を行います。高い成長が見込まれる業界では売上の増大が期待できるため、企業はさらなる成長の機会を追求するために、そのような業界への進出を図ります。

　2つ目は、既存事業の拡大だけでは企業が保持する**経営資源に余り**がでる場合です。既存事業の拡大だけでは、経営者や従業員の能力をすべて使い切ることができない場合、機械や設備に遊休が生じる場合、保持する技術を新しい事業に応用できる場合、資金力に余裕がある場合などは、企業が多角化を行うきっかけになります。

　3つ目の状況は、リスクの分散を図る場合です。企業は法律、金融政策、外交などの政治的要因、景気や為替などの経済的要因、人口構造や価値観などの社会的要因、エネルギーや情報通信技術などの技術的要因、災害、気候変動、感染症流行などの自然要因といった、さまざまな外部要因の影響を受けます。外部要因の影響を受けて経営環境が急激に変化し、これまでは順調であった事業が急にうまくいかなくなることがあります。このとき、単独事業の企業では、事業の売上低迷や利益減少が長引くことがそのまま企業の存続にかかわる危機となります。そのため、企業は多角化を行うことで、経営環境の変化による企業全体の業績悪化のリスクを下げることができます。

2　多角化のメリット

　経営を多角化する主要なメリットとして**シナジー効果**（相乗効果）を挙げることができます。シナジー効果は相乗効果ともいわれ、企業が多角化により複数の事業を同時に展開することによって、それぞれの事業を単独で展開する場合よりも効率的あるいは効果的に運営できる効果を意味します。1＋1が2ではなく3や4になる効果という表現が、シナジー効果の説明ではよく使われます。

　アンゾフは多角化によるシナジー効果として、販売シナジー、生産シナジー、投資シナジー、マネジメントシナジーの4つの種類を示しています。販売シナジーとは、複数製品の販売において、流通経路、販売管理組織、倉庫、ブラン

ドなど、販売やマーケティングに係る経営資源を共通利用することによって、各製品の販売に必要なコストを低減できる効果を意味します。生産シナジーとは、複数製品の生産において、設備や従業員の稼働率向上、間接費の分散、原材料の一括大量購入などによって、各製品の生産に係るコストを低減できる効果を意味します。投資シナジーとは、複数製品で設備や技術基盤の共通利用、共通の原材料や部品の調達、研究開発成果の他製品への移転などを図ることによって、複数製品に対する全体の投資額を抑えられる効果を意味します。マネジメントシナジーとは、新事業への進出で経営者が過去の経験や知見を生かせる場合に、新事業を効率的あるいは効果的に推進できる効果を意味します。販売シナジー、生産シナジー、投資シナジーでは、複数の事業を展開することによって、相互にコスト低減という良い影響を及ぼし合っています。マネジメントシナジーでは、既存事業で蓄積した経験や知見を新事業の展開に生かし、他方、新事業の展開で得られた新たな知見を既存事業の改善に生かすというように、マネジメント力が相互に強化される関係になります。

　シナジー効果を生むためには、複数の事業や製品間で企業が保持する経営資源を**共有**あるいは**補完**する必要があります。シナジー効果と類似した効果に**範囲の経済性**があります。範囲の経済性とは「複数の製品やサービスを 1 つの企業が同時に生産し販売する方が、各々の製品やサービスを単独に生産、販売したときの費用合計より割安につくこと」[1]をいいます。アンゾフの販売シナジー、生産シナジー、投資シナジーは、経営資源を共通利用することによって範囲の経済性が働き、複数の事業の展開や複数製品の販売・生産において全体のコストが低下する効果といえます。コスト面のシナジー効果は、機械や設備といった目に見える**有形資源**の共同利用だけではなく、ブランド力、格付け[★1]、信用力といった目に見えない**無形資源**の共通利用によっても生まれます。例えば資金調達において、既存事業で格付けの高い企業は新事業展開のための資金を有利に調達することができます。他方、新事業の展開でさらに企業の格付けが

★1　「社債などの信用度を専門の格付け会社が評価してアルファベットや数字などの記号を用いて表したもの」[2] です。格付けが高い企業ほど信用度が高いことを意味し、市場から資金を調達しやすくなります。また社債の金利を低く設定することもできます。

高まれば、既存事業の拡大においても有利に資金調達を行うことができます。ゼネラル・エレクトリック（GE：General Electric）は、金融、航空機エンジン、エネルギーなどの事業を展開するアメリカの巨大企業ですが、GEが巨大企業として成功し続ける要因の1つとして、「高い格付けに基づいて格安で資金を調達する力を複数事業で活用していること」[3] が指摘されています。

　また、シナジー効果はコスト面の効果だけを指しているわけではありません。例えば複数の事業を補完的に展開することによって、それぞれの事業の顧客利便性を高めることができます。イオンは、スーパーマーケット事業と総合金融事業を持つことによって、スーパーマーケットやコンビニエンスストアでは電子マネーWAONやクレジットカードによる決済サービスを提供して買い物の利便性を高めると同時に、コンビニエンスストアに設置されたイオン銀行ATMを利用すれば顧客は24時間365日、手数料無料で預け入れや引き出しができるという利便性の高い金融サービスを提供しています。

3　多角化の種類

　多角化は特定事業への特化の程度と事業間の関連性の強さから、いくつかの種類に分類することができます[4]。特定事業への特化の程度とは、企業全体の売上高が特定の単一事業の売上高にどの程度依存しているかを意味します。企業全体の売上高に占める単一事業の売上高の割合が高いほど、特定事業への特化の程度が高くなります。事業間の関連性の強さとは、企業が展開する複数事業間で製品や市場がどの程度関連しているかを意味します。主な多角化の種類として、**本業中心型**、**関連事業型**、**非関連事業型**の3つを取り上げます。

1 ── 本業中心型

　本業中心型とは、企業は複数の事業を展開するものの、特定事業への特化の程度が比較的高いという特徴を持つ多角化を指します。表7－2は、ヤマダホー

表 7 - 2　ヤマダホールディングスの事業構成

事業	売上高 （単位：百万円）	構成比 （単位：％）
デンキ	1,310,895	81.04
住建	272,360	16.84
金融	2,478	0.15
環境	31,803	1.97
合計	1,617,538	100.00

出典：ヤマダホールディングス「2023年 3 月期有価証券報告書」p.122

ルディングスの2023年 3 月末時点の事業別の売上高と全体の売上高に占める割合を示したものです。ヤマダホールディングスはデンキ事業、住建事業、金融事業、環境事業を展開していますが、デンキ事業の売上高が全体の80％以上を占めており、デンキ事業への特化の程度が高い本業中心型の多角化を行っているといえます。

　本業中心型のメリットは、企業の中心的な事業に経営資源を集中させながら、将来の成長分野に先行投資できることです。現在の売上高は大きくはないものの、将来の経営環境を考えたときに新たな収益源になると期待できる分野や、将来は本業とのシナジー効果を発揮して企業全体の売上を拡大できると期待できる分野に先行投資することによって、企業は将来の成長の機会を獲得することができます。ヤマダホールディングスの環境事業では、顧客から買い取った家電製品を再製品化してアウトレット店舗で販売する活動を行っていますが、新たな工場を増設してリユース製品の生産台数を大幅に増加させる計画[5]を示すなど、本業のデンキ事業に加えて、将来の成長分野である環境事業への投資を進めています。

　本業中心型のもう 1 つのメリットとして、将来の成長分野と見込んだ製品が失敗に終わったとしても、企業全体の業績への影響を抑えられることが挙げられます。製品ライフサイクルの導入期にあるような製品を成長期に移行させることは簡単なことではありません。本業中心型は売上の大部分を本業から得ているため、新しい事業が売上を伸ばすことができずに失敗に終わったとしても、

企業の存続への影響が比較的小さいというメリットがあります。

　一方、本業中心型のデメリットは、リスクの分散ができないことです。企業全体の業績は本業に依存するため、本業の業績悪化は企業の存続に深刻な影響が及ぶ場合があります。

2 ── 関連事業型

　関連事業型とは、複数の事業展開において特定事業への特化の程度は比較的低く、複数の事業間で経営資源の共有や補完を重視しながら多角化を行うタイプを指します。表7－3は、2023年2月末時点のセブン＆アイ・ホールディングスの事業構成を示したものです。海外コンビニエンスストア事業の売上構成比が74.53％、次いでスーパーストア事業が12.21％、国内コンビニエンスストア事業が7.50％と続きます。

　セブン＆アイ・ホールディングスは事業間のグループシナジー創出による成長を重視しており、関連事業型の多角化を行っています。2021年から2025年の中期経営計画では、特に連結グループ国内売上高の6割強を占める食品事業において、グループシナジー効果を創出するための戦略が示されています[6]。

　このように関連事業型のメリットは、複数の事業間でシナジー効果を獲得す

表7－3　セブン＆アイ・ホールディングスの事業構成

事業	売上高 （単位：百万円）	構成比 （単位：％）
国内コンビニエンスストア	890,293	7.50
海外コンビニエンスストア	8,846,163	74.53
スーパーストア	1,449,165	12.21
百貨店・専門店	463,739	3.91
金融関連	194,295	1.64
その他	26,044	0.22
合計	11,869,702	100.00

出典：セブン＆アイ・ホールディングス「2023年2月期有価証券報告書」p.26

ることができ、企業全体で売上や利益の向上を図れることです。複数の事業間で経営資源を共有することによって、企業全体で**コスト優位性**を獲得することができます。また、補完的な複数事業を展開することによって、**顧客の利便性向上**や**ブランド力の強化**を期待することができます。

　一方、関連事業型のデメリットは、事業間でリスクを分散させることが難しいことです。関連性が比較的強い複数の事業を展開するため、ある事業で問題が生じた場合に、それがほかの事業に及ぼす影響が大きくなります。

3 ── 非関連事業型

　非関連事業型とは、複数の事業展開において特定事業への集中度は比較的低く、また、事業間で経営資源の共有や補完を重視せずに多角化を行うタイプを指します。表 7 - 4 は、2023年 3 月末時点のダスキンの事業構成を示したものです。

　ダスキンは主に訪販グループ事業とフードグループ事業で構成されており、訪販グループ事業では、環境衛生用品や清掃美化関連商品のレンタルを主とするクリーンサービス事業を中核に、プロのお掃除サービスや家事代行サービスを提供するケアサービス事業等を行っています。フードグループ事業は、ドーナツ・飲茶等を販売する「ミスタードーナツ」が主体の飲食店の展開を目的とした事業を行っています。売上高の構成比は、訪販グループ事業が62.49％、フードグループ事業が28.16％となっており、ダスキンは特定事業への集中度が比

表 7 - 4　ダスキンの事業構成

事業	売上高 （単位：百万円）	構成比 （単位：%）
訪販グループ	108,469	62.49
フードグループ	48,879	28.16
その他	16,229	9.35
合計	173,579	100.00

出典：ダスキン「2023年 3 月期有価証券報告書」p.23

較的低く、事業間の関連性も比較的弱い非関連型の多角化を行っているといえます。

　非関連事業型のメリットは、リスクを分散できることです。事業間の関連性が低いので、複数事業の１つで大きな問題が生じたとしても、ほかの事業がその影響を受ける程度は小さく、企業全体としての業績の低下を相対的に抑えることができます。ある事業において将来的な成長が見込めない場合は、それとは関連性の低いほかの事業に経営資源を再配分し、企業全体で新たな成長を目指すこともできます。

　一方、非関連事業型のデメリットは、シナジー効果を得にくいということです。事業間の関連性が低いため、事業間で経営資源の共有や補完的な関係を築くことが難しく、シナジー効果を源泉とした競争優位の獲得はあまり期待できません。シナジー効果が得にくい複数の事業で競争への対応や顧客価値向上を図らなければならず、投資、コスト、管理のための労力が大きくなります。

　このように多角化には主に、本業中心型、関連事業型、非関連事業型の３つがありますが、それぞれにメリットとデメリットがあります。企業は経営に影響を及ぼす外部要因や内部要因、また現在と将来の経営環境を考慮しながら、どのような多角化を目指すのかを注意深く検討しなければなりません。

4　多角化の注意点

　経営環境の変化に対応しながら企業を成長させるためには、多角化は重要な選択肢の１つとなります。多角化をうまく行って複数事業間でシナジー効果の獲得やリスク分散ができれば、他企業との競争やさまざまな外部要因にうまく対応しながら企業を成長させることができます。

　しかしながら、実際には多角化を成功させることは簡単なことではありません。ポーター（Porter, M. E.）は、1950年から1986年にかけてアメリカの大企業33社の多角化について調査を行い、新事業への多角化の成功率が極めて小さく、

買収によって新業界の事業へ進出した場合、その半数以上が撤退しているとする分析結果を示しています[7]。多角化を成功させることはなぜ難しいのでしょうか。ここでは 5 つの要因を取り上げます。

　1 つ目の要因として、多角化のメリットの 1 つであるシナジー効果を獲得することが実際には簡単ではないことが挙げられます。シナジー効果を獲得するためには複数の事業間での経営資源の共有が重要になります。しかしながら、経営資源の共有には細かい調整が必要になり、各事業がどの経営資源をどのように利用するのかを決めなければなりません。事業間の利害対立によってこのような調整作業がうまく進まないこともあります。企業内のさまざまな人々の思惑や事業間の力関係などによって複数事業間の**調整コスト**がシナジー効果を上回る場合には、多角化を成功させることは難しくなります。

　2 つ目の要因は、事業の方法や組織文化の違いです。**組織文化**とは「組織のメンバーが共有するものの考え方、ものの見方、感じ方」[8]のことをいいます。既存事業では有効であった事業の方法や組織文化が新事業にも適合するとは限りません。既存事業の方法や組織文化を新事業に適用したことによって、新事業の強みが失われることもあります[9]。既存事業の方法や組織文化が新事業に適さない場合には、企業は新事業をうまく管理・運営するための新しい技術や方法を取り入れなければなりません。また、事業の管理・運営方法の変化に対しては、組織から抵抗を受ける場合があります。新事業運営のための新しい方法の検討や変化に対する抵抗への対応に多くのコストや時間がかかる場合には、新事業に進出して企業全体の業績を向上させるという目標を達成することが難しくなります。

　3 つ目の要因は、**参入コスト**です。平均投資収益率[★2]が高いような**魅力的な業界**に新規参入することができれば、企業はその事業から売上を獲得しながら企業全体の業績を向上させることができます。しかしながらそのような魅力度の高い業界には**参入障壁**などがあり、参入コストが高くなります[10]。魅力度

★2　投資収益率は、企業が投資した金額に対してどれだけ売上（収益）を獲得することができたのか、その割合を指します。平均投資収益率とは、その業界に属する各企業の投資収益率の平均値を意味します。

の低い業界への参入は、参入コストは低くなりますが参入後に売上を伸ばすことが難しくなります。新規参入に必要なコストと参入後に得られる売上や利益を比較して新規参入に必要なコストの方が大きい場合には、多角化をうまく進めることが難しくなります。

　4つ目の要因は、競争への対応です。企業は多角化によって複数の事業を展開することになりますが、各事業で有効な**競争戦略**を策定し、その実行のための十分な経営資源を投入する必要があります。競争戦略や経営資源の投入が不十分な場合は、各事業で競争に対応することができず、売上や利益を伸ばすことができません。成長性の高い業界に新規参入することよって、売上の向上を期待できるかもしれませんが、成長性の高い業界は競合企業の数が多く、必要な投資も大きくなります。競争に対応するための戦略と経営資源が不十分な場合は、たとえ成長性の高い業界に新規参入したとしても、業績の向上は期待できません。

　5つ目の要因は、**事業の自律性**[11]です。多角化によって複数事業を展開する場合、各事業は本社や親会社の指針や人事政策を考慮しながら事業を運営する必要があります。事業計画の内容も親会社との調整が必要になります。事業の自律性が制限されることによって、事業のスピードや柔軟性の低下、従業員の自由な発想の制限、モチベーションの低下といった問題が起こる場合があります。このような問題があると経営環境の変化に対応しながら各事業を効率的に運営することができなくなり、企業全体の業績を高めることが難しくなります。

　このように企業を成長させるために多くの企業が多角化を行っていますが、多角化にはいくつかの注意点があります。企業は多角化を行う前に、これら注意点について十分検討しなければなりません。

—— ★ まとめ ★ ——

　　企業を存続させるためには、企業を成長させ続けなければなりません。ア
ンゾフの成長マトリックスでは企業の成長の4つの方向性が示されています
が、全社戦略で重要な問題になるのが多角化です。企業は既存事業でこれ以
上成長が見込めない場合や魅力的な業界がある場合、経営資源に余力がある
場合、リスクの分散を図る場合などに多角化を行います。多角化にはシナジー
効果というメリットがあります。シナジー効果では、複数事業間での経営資
源の共有や補完的な活用によって、それぞれの事業を効率的あるいは効果的
に実行することができます。複数事業間でシナジー効果をうまく発揮させる
ことができれば、単独事業の企業よりも有利に事業を進めることができます。
　　多角化は主に、本業中心型、関連事業型、非関連事業型の3つの種類に分
類することができます。3つの多角化の種類それぞれにメリットとデメリッ
トがあり、企業は経営環境を考慮しながら自社に適した多角化を行う必要が
あります。多くの企業が多角化を行っていますが、多角化の成功を阻害する
いくつかの要因があるため、企業は多角化を行う前にこれらの要因を注意深
く検討しなければなりません。

演習問題

①アンゾフ（Ansoff, H. I.）の（　　　　　　　　　　　）には、市場浸透や多角
　化など、企業成長の4つの方向性が示されています。

②複数事業間で経営資源を共有することにより、各事業を効率的あるいは効果的
　に運営できる効果を（　　　　　　　　）という。

③多角化の種類で、特定事業への特化の程度が比較的高いタイプの多角化を
　（　　　　　　）型という。

④新聞やインターネットで新事業に進出する企業のニュースを調べ、それにはど
　のような意図があるか考えてみましょう。

⑤新聞やインターネットで新事業への進出がうまくいかなかった企業のニュース
　を調べ、なぜうまくいかなかったか考えてみましょう。

Column

ソニーグループの多角化戦略

　ソニーグループ株式会社（以下「ソニーグループ」）は、1946年の設立以来、事業の多角化を図ってきた企業であり、現在はゲーム＆ネットワークサービス分野、音楽分野、映画分野、エンタテインメント・テクノロジー＆サービス分野、イメージング＆センシング・ソリューション分野、金融分野、その他分野からなる複合経営を展開しています。ソニーグループはグループが展開する事業間のシナジー効果を通じて先進的で感動的な製品・サービスを創出しています。

　例えばスマートフォンの開発では、カメラ事業やテレビ事業で培った技術が応用されています。ソニーのスマートフォンの利用者は専用のアプリを使うことで、Wi-Fiにつながる環境であれば、外出先でもスマートフォンでプレイステーションのゲームを楽しむことができます。また、AI（人工知能）を利用した音源分離の技術を開発し、その技術をグループ内の映画事業やスマートフォン事業で応用しています。音源分離技術では分離された音の質の評価について、ソニーグループの音楽事業に携わる音の専門家からフィードバックを受けることができ、音楽事業が音源分離の技術向上に重要な役割を果たしています。さらに、プレイステーションの自社制作タイトルの映画化やテレビシリーズ化を推進するなど、エンタテインメント事業間でのシナジー効果もねらっています。

　上記のように事業を多角化して複合経営を行うことに対しては否定的な声もありました。ソニーグループに対する株式市場の評価が低調なことを背景に、株主であるアメリカのヘッジファンドからはエンタテインメント事業や半導体事業などの分離を要求されることもありました。しかしソニーグループは、電機や音楽、映画など多様な事業と独自技術を組み合わせて成長を目指す戦略をアピールし、そのような事業の分離案を拒否してきました。

　現在、ソニーグループは多角化によるメリットを得ながらグループ全体で業績を向上させています。2022年度のソニーグループの営業利益は1兆円を超え、音楽、映画、ゲーム＆ネットワークサービスの3つのエンタテインメント事業の売上高と営業利益は、グループ連結の50%を超えています。ソニーグループが今後も成長を続けていくためには、多角化した各事業間のシナジー効果を発揮しながら、先進的で感動的な製品・サービスを創出し続けることが重要な鍵になります。

第 **8** 章
成長戦略 2（リストラクチャリング）

ある日の午後（T先生と散歩をしている途中）

A：先生、コンビニに寄ってもいいですか？

T：もちろん。私も行こうかな。

A：ありがとうございます！　いつ見ても、コンビニっていろいろな商品がありますよね。目移りしてしまいます。

T：そうだね。定番品もあるけれど、品物の入れ替わりもあるから、新しいものを探すのも楽しいね。

A：あっ、今日も見たことのない商品がありましたよ！　でも、こんなにたくさんの種類の商品があると、管理が大変そうですよね。

T：どの商品を残すのか、どの商品をやめるのかはとても難しい決断だね。でも、店舗の商品構成だけでなく、実は企業の事業構成についても同じように決断しないといけないんだよ。

A：確かに！　多角化している企業は大変そうです。

T：たくさんある事業のすべてが常にうまくいくわけではないからね。「リストラクチャリング」を考えないと。

A：「リストラクチャリング」って、もしかして「リストラ」ですか？あまりいいイメージがありません……。

T：人員整理、人減らしのイメージが強いよね。けれど、本来は違うんだ。

A：「？？？」

第8章

Q　「リストラクチャリング」とは何でしょうか？
また、どのように管理すれば良いのでしょうか？

●キーワード

- □ リストラクチャリング
- □ プロダクト・ポートフォリオ・マネジメント（PPM）
- □ 経験効果
- □ 選択と集中
- □ 戦略経営

1 リストラクチャリング

1 — リストラクチャリングとは

第7章で学んだように、企業が成長していくと、**製品ライフサイクル**の変化に応じて、また新たな事業機会を求めて、多くの企業が複数の事業を手がける（多角化）ようになります。しかし、すべての事業がいつもうまくいくわけではありません。製品ライフサイクルが成熟期や衰退期に移行したり、うまく顧客を獲得できなかったりなどの理由で業績が低迷したときには、その事業を続けるのか、それとも撤退するのかなどの判断が必要になります。このように、「企業全体のパフォーマンスを維持・向上させるために、事業構成や組織構造などを大幅に変更させること」を、「**リストラクチャリング**（restructuring：事業の再構築）」といいます[1]。

日本では、リストラクチャリングを省略した「**リストラ**」という言葉を、従業員の削減や賃金カットの意味で使うことがあります。しかし、本来のリストラクチャリングは、その過程で従業員の削減や賃金カットが行われることもありますが、それのみを意味しているわけではありません。

2 — リストラクチャリングの種類

リストラクチャリングには、いくつかの種類があります[2]。第1は、**事業ポー**

トフォリオ・リストラクチャリング（business portfolio restructuring）です。これは、新たな事業分野に進出したり、これまで営んできた事業から撤退したりすることにより、現在手がけている事業の構成を大幅に見直すことを意味しています。企業が新規事業分野に進出する方法には、自社で新しく着手するほかに、他企業が営んでいる事業や企業そのものを買いとる**M&A**（Merger and Acquisition：合併と買収）★1などがあります。また、事業から撤退する方法には、事業を一つの企業として独立させて切り離す**スピン・オフ**（spin-off）や、ほかの企業に売却する**セル・オフ**（sell-off）などがあります。こうした事業からの撤退方法は、投資を意味するインベストメントの対義語として、**ダイベストメント**（divestment）と呼ばれています。

　第2は、**財務リストラクチャリング**（financial restructuring）です。企業の資金調達は、金融機関などから資金を借り入れた負債（他人資本）と、出資者から集めた資金や、企業が生み出した利益を蓄積した利益剰余金（内部留保）を含む純資産（自己資本）に分けられます。他人資本は利子を付けて返済しなければなりませんが、自己資本は返済する必要はありません。このため、自己資本が多ければ財務的に安定します。しかし、企業の規模が大きくなったり、より大きな成長を目指したりするときには、自己資本だけで必要な資金をまかなうことはできません。これらの観点から、他人資本と自己資本の構成（**資本構成**）を見直すことが、財務リストラクチャリングです。

　そして第3は、新しい組織形態を採用したり、既存の事業部門や関連企業を統廃合したりするなど、大幅な組織の変更を伴う**組織リストラクチャリング**（organizational restructuring）です。**事業部制組織**における各事業部の独立性をさらに高めた**カンパニー制**や、企業から事業を切り分けて独立した子会社にする**分社化**、そしてそれらの子会社の株式を親会社が保有する**持株会社**★2なども、組織リストラクチャリングの例です。

★1　M&Aについては、第9章を参照してください。
★2　持株会社には、事業持株会社と純粋持株会社があります。**事業持株会社**は株式を持つことで子会社をコントロールしながら、自らも製造や販売などの事業を行う持株会社のことです。これに対して**純粋持株会社**は、自らは事業を行わずに、子会社をコントロールすることを目的とした持株会社です。

3 ── アメリカと日本のリストラクチャリング

　このように、リストラクチャリングにはいくつかの種類がありますが、アメリカ企業と日本企業とでは、その実施において異なる傾向がみられます。

　1960年代〜1970年代にかけて、多くのアメリカ企業は積極的に多角化を進めました。しかし、多角化を進めて既存の事業と関係の弱い分野にまで進出するようになると、**シナジー効果（範囲の経済性）** を発揮させることが難しくなり、収益性が悪化します。このようにして収益性の悪化したアメリカ企業は、1980年代以降、リストラクチャリングを進めていきました。そのときに行われたものが、事業整理です。アメリカ企業の買収件数に占めるダイベストメント件数の割合をみると、1970年代までは20％に満たなかったのですが、1980年代以降には30％〜50％を超えるようになっています[3]。

　日本においても、1991年のバブル崩壊を受けて、多くの企業がリストラクチャリングを実施してきました。しかし、日本においては事業ポートフォリオ・リストラクチャリングよりも組織リストラクチャリングが主流だったといわれています[4]。先ほど述べたカンパニー制は、1994年にソニーが導入した後、さまざまな企業で採用されていきましたし、1997年には私的独占の禁止及び公正取引の確保に関する法律（独占禁止法）の改正によって**純粋持株会社**が解禁され、分社化も進むことになりました。これらの方法によって、企業グループ内部で重複する事業を整理し、効率性やシナジーを強化しようとしたのです。

4 ── 3つのリストラクチャリングの関係

　先に学んだように、リストラクチャリングには3つの種類があります。しかし、リストラクチャリングは個別に行われるとは限りません。事業ポートフォリオ・リストラクチャリングが行われたときに、併せて財務リストラクチャリングや組織リストラクチャリングも実施されることがあります。また、すべてのリストラクチャリングが、3つの類型に分類されるわけでもありません。

　しかし、3つのリストラクチャリングの中でも事業ポートフォリオ・リスト

ラクチャリングは、ほかのリストラクチャリングへの影響が大きいといわれています[5]。そこで以下では、事業ポートフォリオ・リストラクチャリングに焦点を当て、多くの事業を抱える企業が、全社的な視点からそれらの事業を総合的に管理するための方法について見ていくことにしましょう。

2　プロダクト・ポートフォリオ・マネジメント(PPM)　→

1 ── 多角化企業のマネジメント

　企業が多くの事業を営んでいるとき、それらの事業をどのように管理すればよいのでしょうか。一つの方法として、各事業を**独立採算制**にして個別に管理するという方法があります。事業ごとに売上高と費用を割り当て、経営に関する権限を与えることで、それぞれの事業を独立した企業のように運営させるのです。そうすれば、各事業は利益を多く出せるように努力するでしょう。

　多くの事業分野が成長しており、また利益が出ているのであれば、このようなやり方で企業全体を成長させることができるかもしれません。しかし、成長はしているもののなかなか利益を出せない事業や、利益は十分に出せるけれども市場が成熟しきっている事業がある場合もあります。このようなときには、各事業を個別に管理するのではなく全社的な観点から管理し、経営資源を効果的・効率的に配分することが必要となります。

　この企業全体における効果的・効率的な経営資源の配分を判断する手法の一つに、アメリカのコンサルティング会社、ボストン・コンサルティング・グループ（Boston Consulting Group：BCG）が1970年に提唱した「**プロダクト・ポートフォリオ・マネジメント**（Product Portfolio Management：**PPM**）」があります。

2 —— PPMとは

　PPMは、図8−1のように「**市場成長率**」と「**相対的市場シェア**」という
2つの次元からなるマトリックス上に事業を位置付けます[★3]。各事業は、そ
れぞれ一つの円で表され、円の大きさは売上高や売上構成比など、その事業が
企業全体の中でどのくらいの規模にあるのかを示しています。ここでいう事業
は、「**戦略的事業単位**（Strategic Business Unit：**SBU**）」です。SBUは、独立
して戦略を立てることのできる単位のことで、企業によって事業部とほぼ等し
いこともありますし、事業部横断的にまとめられたり、一つの事業部内で独立
的な製品分野に分けられたりすることもあります。

　図8−1の縦軸は、「**市場の魅力度**」を表しています。しかし、「市場の魅力
度」そのものを示す指標はありません。そこで、多くの場合、代理指標として

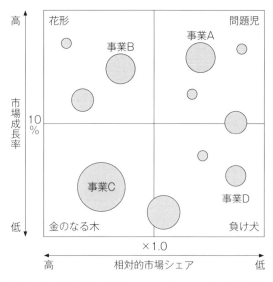

図8−1　PPMのマトリックス（シャープ、1985年）

出典：網倉久永・新宅純二郎（2011）『経営戦略入門』日本経済新聞出版社　p.366

★3　PPMには、いくつかのバリエーションがあります。例えば、アメリカのゼネラル・エレク
　　トリック（General Electric：GE）社が開発した**ビジネス・スクリーン**は、その一つです。

市場成長率が用いられます。この市場成長率は、企業や業界団体などが公表している数値から計算することができます。

　一方、横軸も本来は「**事業の競争力**」を表していますが、これについても「事業の競争力」そのものを示す指標はないため、多くの場合、代理指標として相対的市場シェアが用いられます。「**市場シェア**」とは、市場全体の売上高や販売数量に占める自社の割合のことで、業界団体の公表資料や業界動向誌などで知ることができます。しかし、企業が営む事業は多様で、それぞれの市場シェアもさまざまであるため、それらを共通の尺度で評価するために、PPMでは相対的市場シェアが用いられます。これは、自社事業の市場シェアが競合他社と比較してどれくらいの大きさなのかを表わしたもので、次の計算式で求められます。

$$相対的市場シェア = \frac{その業界における自社の市場シェア}{その業界における自社を除く最大手企業の市場シェア}$$

　例えば、業界1位企業の市場シェアが30%、2位企業の市場シェアが15%のとき、自社事業が業界1位であれば、自社の相対的市場シェアは2.0（＝30%÷15%）になり、自社事業が業界2位であれば0.5（＝15%÷30%）です。相対的市場シェアが1.0を超えれば、自社のその事業は業界でトップとなり、強い**競争力**を持っていることを意味します。

3 ── PPMの前提

　このように市場成長率と相対的市場シェアを用いることで、それぞれの事業における資金の状況と、将来的な推移を予測することができるようになります。それは、次のような前提が考えられるからです。

❶ 相対的市場シェアが大きいほど、生み出される資金量が多い

　1つ目の前提は、相対的市場シェアが大きい事業ほど、資金をたくさん生み出すというものです。相対的市場シェアが大きいということは、競合他社より

も商品を生産・販売する経験を積んでいるということです。経験を多く積めば、仕事が速くなったり、より効率的に作業を行う方法を編み出したりするでしょう。そうすれば、商品一つ当たりの平均生産・販売コストは減少します。

このような現象は、「**経験効果**（experience effect）」[★4]、ないし「**経験曲線効果**」と呼ばれています。経験効果は、PPMを生み出したBCGによって提唱されたもので、一般に、**累積生産量**（経験量）が倍増するごとに、一定の割合（20%～30%前後）で平均コストが減少するとされています。

経験効果を前提とすると、相対的市場シェアが大きければ競合他社よりも平均コストが低くなり、競合他社よりも大きな利益を得ることができます。したがって、相対的市場シェアが大きい事業ほど、つまり、図8－1の左側に位置付けられる事業ほど、生み出される資金量が大きくなると考えられるのです。

❷ 市場成長率が高いほど、必要とする資金量が多い

2つ目の前提は、成長率が高い事業ほど、必要とする資金の量が多いということです。市場成長率が高いとき、その成長に合わせて事業も成長していかなければ市場シェアを維持することはできません。このため、市場成長率が高いときには、それに合わせて新たに生産能力を拡大したり、販売拠点を増やしたりすることが必要となります。また、事業拡大に伴って、運転資金も増えていくでしょう。このように、市場成長率が高いほど、つまり、図8－1の中で上側に位置付けられる事業ほど、資金がたくさん必要になります。

❸ 市場シェアを高めるためには、資金が必要

市場シェアを今よりも高めるためには、新規顧客を開拓し、また競合他社の顧客を奪わなければなりません。そのためには、研究開発を行ってより魅力的な商品を提供したり、広告宣伝を充実させて顧客を引きつけたりしなければな

[★4] 経験効果は、生産量の増加が平均コストを減少させるという点で、**規模の経済性**と似ています。しかし、規模の経済性は特定時点の生産量を基準としているのに対して、経験効果はこれまでの生産量をすべて足した累積生産量を基準としており、いわば歴史的な経緯を反映しています。このため、特定時点の生産量が同じ企業同士であっても、経験によって平均コストは異なります。

らないため、資金が必要になります。これがPPMの3つ目の前提です。図8
－1でいえば、図の右側から左側に移動するためには、資金が必要になるとい
うことです。

❹ 市場成長率は、いずれ低下していく

すでに学んだ通り、製品ライフサイクルの考えを前提とするならば、やがて
衰退期が訪れることになるため、市場成長率も時間の経過とともに低下してい
くことになります。すなわち、図8－1で初めは上方に位置付けられていた事
業であっても、時を経るにつれて下方に移動していくことが予想されます。

4 ── PPMの4つのセル

上記の4つの前提のうち最初の2つの前提に注目すると、図8－1の左側に
位置するほど資金（キャッシュ）を生み出す量が多くなり、上側に位置するほ
ど資金を使う量が多くなります。これをふまえて市場成長率と相対的市場シェ
アをそれぞれ高低に分けて4つのセルに区別すると、それぞれのセルの資金の
状況は、図8－2のようになります。高低の基準は、相対的市場シェアでは1.0
が用いられます。市場成長率については、高低を分ける明確な基準はありませ
ん。BCGは10％を提唱していますが、これは1970年代のアメリカの状況を反
映したものであるため、分析する際に適切な水準を設定する必要があります。

まず、図8－2で左上のセルに位置する事業は、相対的市場シェアが大きく
資金を多く生み出せますが、市場成長率が高いため、資金をたくさん必要とし
ます。したがって、トータルで見て資金がプラスであってもマイナスであって
も、それほど大きなものではないと考えられます。生み出す資金も使う資金も
多いことから、「**花形**（star）」と呼ばれます。

次に、左下のセルに位置する事業は、相対的市場シェアが大きく資金をたく
さん生み出す反面、市場成長率が低いのでシェアを維持するのにそれほど大き
な資金を必要としないため、差し引きで資金量がプラスになりやすい事業です。
このことから、このセルは「**金のなる木**（cash cow）」と呼ばれています。

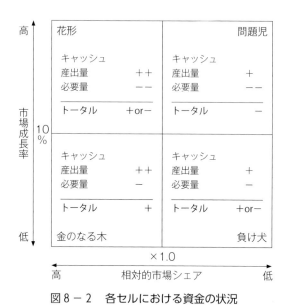

図 8 - 2　各セルにおける資金の状況

　図 8 - 2 の右上に位置する事業は、市場成長率が高いので、たくさんの資金が必要になります。しかし、相対的市場シェアが低いため、資金をあまり生み出すことはできません。したがって、資金の量は差し引きでマイナスになるでしょう。魅力的な市場ではあるものの資金が足りないことから、このセルは「**問題児**（problem child）」と呼ばれています。

　最後に、右下のセルに位置する事業は、市場成長率が低いのでシェアを維持するために資金をあまり必要としません。また、相対的市場シェアも小さいため、自分で資金を稼ぐ力もそれほど強くありません。このため、トータルでみれば、それほど大きなプラスにもマイナスにもならないでしょう。市場成長率が低く、すでに勝負の決まってしまった市場でトップになれなかった事業であるため、このセルは「**負け犬**（dog）」と呼ばれます[5]。

---

　[5]　各セルの英語名の表記はいくつかあります。例えば、1970年にPPMが提唱されたとき、「負け犬」には「pet」という名前が付けられていました。

5 ── 資金配分のマネジメント

　以上のように、各セルの事業における資金の状況が把握できたとすると、全社的にその資金をどのように管理すればよいのでしょうか。それには、PPMの第3と第4の前提、すなわち、市場シェアを高めるには資金が必要ということと、市場成長率はいずれ低下していくということが関わってきます。図8－3のように2つの場合に分けてみていきましょう。

❶ 独立採算制による個別管理

　本節冒頭の 1 で見たように、それぞれの事業を独立採算制にして個別に管理した場合を考えてみると、図8－3の左の図のようになるはずです。

　まず、「金のなる木」事業は、市場成長率が低いわりに資金をたくさん稼ぐので、余剰資金が生まれがちです。そうした資金は、新たな商品開発や広告宣伝に使われることになるでしょうから、それらがうまくいけば、ますます市場シェアを高めて左下へと移動していきます。しかし、市場の衰退にともない、事業も縮小していきます。また、「花形」事業は相対的市場シェアが高いため、自らの市場シェアを維持するだけの資金があります。そのまま市場シェアを維

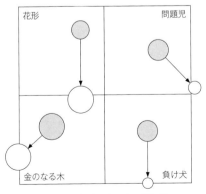
独立採算制による個別管理

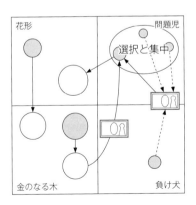
PPMによる全社的管理

図8－3　PPMによるキャッシュフローのマネジメント

持することができれば、市場成長率の低下に伴っていずれ「金のなる木」事業になることが見込まれます。

　「問題児」事業は市場シェアを維持するだけの資金がなく、また市場成長率が徐々に下がっていくので、将来的には右下の方に移動していき、やがては「負け犬」事業に近づいていきます。そして「負け犬」事業では、資金を稼ぐ力が弱く市場成長率も低いため、下方に移動していくと考えられます。しかし、「金のなる木」事業と同じように、市場が衰退期に入ってしまうと事業規模を縮小せざるを得なくなるでしょう。

　このように、市場成長率が徐々に低下していく状況のもとで、それぞれの事業を独立採算制にして個別に管理した場合には、魅力的な成長機会のある「問題児」事業では資金がないためにその機会を捕まえることができず、市場成長率が低くそれほど魅力的ではない「金のなる木」事業に資金が使われることになります。さらに、より長期で見れば、いずれの事業も衰退期に入ることで、企業全体としてもやがて衰退していってしまうことが予想されます。

❷ PPMによる全社的管理

　これに対して、PPMによる全社的管理を行った場合に予想される各事業の動きを示したものが、図8-3の右の図です。この図に描かれているように、PPMによる全社的管理のポイントは、「金のなる木」事業で得られた余剰資金と、将来性の乏しい「負け犬」事業を売却して得られた資金を、新事業の開拓や有望な「問題児」事業に集中的に投入して、将来の「花形」事業に育てることです。このとき注意すべきなのは、あらゆる「問題児」事業に資金を配分してしまうと、有望な「問題児」事業を育成するのに必要な資金が足りなくなる可能性があることです。「問題児」事業の中でも有望な事業を選択して、集中的に資金を投入して育成する、**「選択と集中」**が必要です。

　潤沢な資金を得た「問題児」事業は次代の「花形」事業となります。それまでの「金のなる木」事業はやがて衰退していってしまいますが、新たな「花形」事業がときとともに「金のなる木」事業となり、さらなる「問題児」事業を生み出し、育成するための原資を供給します。もちろん、新たに立ち上げた「問

題児」事業の中には、なかなかうまくいかず、「負け犬」事業になるものもあるでしょう。そうした「負け犬」事業については売却するなどして資金を回収し、有望な「問題児」事業の育成に回します。このようにして全社的に資金を管理することによって、企業全体の衰退を防ぐことができ、より安定的に成長することができるようになります。

3　PPMと戦略経営

　PPMは、全社的な資金配分の指針を得ることができるだけでなく、個々の事業に求められる戦略指針を示すこともできます。

　例えば、「問題児」事業の中でも市場成長率が高く、相対的市場シェアも大きい事業は、将来の「花形」事業となるべく市場シェアを拡大していく必要があります。また、すでに「花形」となっている事業の中でも、相対的市場シェアがそれほど大きくなく、競合の2位企業と僅差だという場合にも、競合企業との市場シェアの差を広げていくことが大切になります。これらの事業の場合には「**構築**（build）」することが戦略指針となります。

　相対的市場シェアがかなり大きく、すでに強力な市場地位を持っている「花形」事業は、それ以上無理に市場シェアを拡大しようとすると余計な資金を使ってしまいかねません。また、「金のなる木」事業の中の、まだ比較的市場成長率の高い事業においても同様です。資金を有望な「問題児」事業に投入するために、市場シェアを守れるだけの投資を行って無駄遣いをしないようにすべきです。こうした市場シェアの「**維持**（hold）」が、これらの事業における戦略指針となるでしょう。

　一方で、「金のなる木」事業の中でも、市場成長率が低く、衰退期に入ってしまった事業であれば、無理に市場シェアを維持せず、徐々に撤退の準備を進め、なるべくたくさんの資金を確保した方が良いでしょう。「負け犬」事業においても、すでに衰退期ではありますが、業界で2番手や3番手の地位にあり、ある程度の利益を生んでいる事業から即座に撤退してしまうのは得策ではあり

ません。このように、「金のなる木」の中でも市場成長率が低い事業や、「負け犬」事業でも相対的市場シェアの高い事業については、徐々に撤退の準備を進めつつ、利益を最大化していく「**収穫**（harvest）」の戦略指針が適しています。

　相対的市場シェアがあまりにも低く赤字が続き、また市場も衰退しているような「負け犬」事業や、「問題児」事業の中でも相対的市場シェアが小さかったり、市場成長率が低くあまり魅力的でなかったりする場合には、早めに見切りをつけて売却あるいは清算をした方が良いでしょう。その際には、事業や設備などをできるだけ高い価格で売却できることが望ましく、そうした意味で「**撤退・資金回収**（withdraw）」が戦略指針となります。

　このように事業ごとに戦略指針が定まれば、それぞれの指針に合わせて具体的にどのような評価基準を置くのか、また、その基準達成に適した人材はどのようなタイプかなどを考えることができるようになります。それぞれの事業単位に与えられた戦略指針に沿って、各事業単位の評価基準や人材配置、組織構造、各種制度などの業務全般を構築していくことを、「**戦略経営**（strategic management）」といいます。PPMは、全社的な資金配分だけでなく、こうした戦略経営へと結び付く可能性を持った優れたツールだといえるでしょう。

4　PPMの注意点

　このように、とても優れたツールであるPPMですが、運用の際には注意すべきポイントがあります。1つ目は、前提条件や準備段階の問題です。PPMでは経験効果と製品ライフサイクルを理論的な基礎として、各セルの資金の状況を想定していますが、**技術革新**や「**脱成熟化**」などによって、その想定通りにならない場合があります。またPPMでは、独立して戦略を立てることのできるSBUごとに円を描きます。しかし、SBUのまとめ方によって市場成長率も市場シェアも異なってくるため、SBUをどのように定義するかが重要な課題となります。

　2つ目は、分析段階での注意点です。PPMではSBUを分析単位としていま

すが、SBU間の**シナジー効果**も考慮する必要があります。例えば、「負け犬」事業との間でシナジー効果を得ているときにその事業から撤退すれば、シナジー効果も失われてしまいます。また、各事業でどのような**競争戦略**をとっているのかも重要です。特に「**差別化戦略**」をとっている事業で研究開発費や広告宣伝費がかさむ場合、たとえその事業が「金のなる木」事業だったとしても、必要資金は多くなります。加えて、PPMで想定しているのは資金の状況のみです。人材育成など、資金以外の経営資源についても留意すべきです。

　3つ目に、PPMで戦略指針が得られた後の実行面での難しさがあります。経営者や従業員が愛着を持っている事業に対して売却の決断を下すことは簡単ではありませんし、売却後の雇用維持についても考えなければなりません。また、従業員の士気の問題もあります。例えば、「金のなる木」事業で働いている人からすれば、自分たちが稼いだ資金をほかの事業に回すことになるため、ほかの事業の人たちに対する反感を抱いてもおかしくありません。

　最後に、PPMは「選択と集中」が重要であることを示していますが、それは複数の「問題児」事業を抱えていることが前提です。このため、たとえ収益性が低くても成長率が高い事業を積極的に開拓しなければなりません。つまり、**「健全な赤字事業」**が必要なのです。しかし、そうした複数の「問題児」事業をどのように取捨選択するのかについては、PPMだけを見ていても出てきません。この取捨選択の基準をどうするのか、すなわち、将来、どのような企業になるのかというビジョンを描くことが、PPMを運用するうえでの要になるといえるでしょう。

─── ★まとめ★ ───

　多角化した事業のすべてがうまくいくわけではなく、事業を継続するのか、それとも撤退するのかなどの判断が必要になります。このように事業構成や組織構造などを大幅に変更することを、リストラクチャリングといいます。

　リストラクチャリングには、事業ポートフォリオに関するものや財務に関するもの、そして組織に関するものがありますが、影響が最も大きいのは、事業ポートフォリオに関するリストラクチャリングです。

　事業ポートフォリオを考えるためのツールに、PPM があります。PPM は市場成長率と相対的市場シェアの二軸を高低に分けて、自社の事業（SBU）を「花形」「問題児」「金のなる木」「負け犬」に分類します。そして、将来有望な「問題児」事業を選び、「金のなる木」事業などから資金を集中的に配分することで、企業全体の成長を図ります。また、PPM で分類された各事業には、企業全体の観点から戦略指針・目標を考えることができ、そこからさらに組織構造や人事・報酬制度まで考える戦略経営へつなげることができます。

　しかしながら、PPM は万能ではありません。準備段階や分析段階、戦略指針の実行段階に至るまで、いくつかの注意点があります。これらの注意点に気を配りながら、自社に適した戦略指針を構想していくことが大切です。

演習問題

①企業全体のパフォーマンスを維持・向上させるために、事業構成や組織構造などを大幅に変更させることを、（　　　　　　　　　　　）という。

②自社の事業を問題児事業、花形事業、金のなる木事業、そして負け犬事業に分類し、全社的な資金配分を検討するためのツールを、英語のアルファベット3文字で（　　　　　）という。

③（　　　　　　　）は、全社的な観点から事業単位ごとに与えられる戦略指針に基づいて、組織構造や人事制度、報酬制度などの全般的な業務活動を構築していく経営方法のことである。

④興味のある業界を取り上げ、その業界の市場成長率と各社の市場シェアを調べてみましょう。

⑤興味のある多角化企業を1社取り上げ、その企業が営んでいる事業を用いてPPMの図を作成してみましょう。また、それぞれの事業でどのような戦略指針が適切か考えてみましょう。

ジャック・ウェルチの改革

2020年3月1日、アメリカのフォーチュン誌によって「最高の経営者」と呼ばれた**ジャック・ウェルチ**（Jack Welch）が亡くなりました。ウェルチは、1981年にアメリカのゼネラル・エレクトリック（General Electric：GE）社の会長兼最高経営責任者に45歳という若さで就任し、2001年に退任するまでの20年間、同社の改革を強力に推し進めたことで知られています。退任時に出版されたウェルチの回想録『わが経営』は世界中でベストセラーになり、ウェルチは企業変革の代名詞となりました。

ウェルチによる改革は多岐におよびますが、最も有名なものの一つに「**ナンバーワン・ナンバーツー戦略**」があります。これは、業界で1位か2位でない事業については、早々に立て直すか、それができなければ撤退するというものです。

この基準のもと、ウェルチは事業ポートフォリオの再構築を実行し、短期間のうちに数多くの事業から撤退しました。その一つに家電事業があります。かつてのGEは北米市場における家電業界のトップでしたが、日本企業などの競合他社に押されて市場地位を低下させた結果、撤退の判断が下されたのです。また、通信や資源系の事業など、決して小さくない事業についても撤退が決断され、1983年〜1985年までのわずか3年間に、71の事業が処分されることになりました。

こうしたウェルチの改革は、日本では本業回帰と不採算部門の整理として受け止められ、人員整理という意味での「リストラ」が盛んに叫ばれるようになりました。しかし、ウェルチが進めたのは不採算部門の整理だけではありません。1983年〜1985年までの間だけをみても、処分した71の事業を上回る118件の買収や新会社の立ち上げなど、新事業の創出を行っていますし、会長兼最高経営責任者在任期間でみると、1,000件に上る新事業を立ち上げたともいわれています。

ウェルチの改革は、「リストラ」のみを意味するものでは決してありません。単にナンバーワン・ナンバーツーの事業を残してそうでない事業から撤退するのではなく、新しい事業に果敢に挑戦し、その育成のために資源を投入するところにこそ、その本質があったといえるでしょう。

第9章
成長戦略3（M&A）

T先生がA君が引越しをしたという噂を聞いて

T：A君、最近引っ越しをしたんだって？

A：そうなんです。通学時間がもったいないし、そろそろ実家を出て自立しないといけないと思いまして。

T：それはいい心構えだね。でも、初めての一人暮らしだといろいろと買いそろえるのが大変だったでしょう。

A：それがそうでもなかったんですよ。家電量販店のXに行ったら、家電だけじゃなく、家具も一通り置いてあったので、そこでまとめて買えちゃいました。

T：なるほど。確かにそうだよね。Xは家具量販店のRと合併したりして家具の取り扱いも豊富だからね。一方で、Xのライバルであるyは同業他社のZを買収しているんだ。

A：同じ業界のライバル企業同士でも全く違いますね。ところで、ニュースでもよく聞くのですが「合併」とか「買収」って何ですか？　何か違いがあるんですか？

T：いい質問だね。当然違いはあるし、どちらを活用するかは経営戦略によって異なってくるんだよ！

Q 「合併」と「買収」は何が違うのでしょうか？　また、合併や買収にはどのような効果があるのでしょうか？

●キーワード

□ M&A（合併・買収）
□ 規模の経済性
□ 範囲の経済性
□ 情報の非対称性
□ アライアンス（戦略的提携）

1 M&Aとは（合併・買収の違い）

1 ── 合併・買収とその共通点

　M&A（Mergers and Acquisitions）とは、「**合併**」と「**買収**」のことを指します。合併は複数の企業が互いに合意して、1つの企業、あるいは1つの企業グループになることを指します。そのため、合併を行った企業は各企業が保有していた従業員や生産設備、土地、資金、知識・ノウハウなどの経営資源を組み合わせて利用することができるようになります。例えば、家電量販店のヤマダデンキは、家具販売の大塚家具と2022年に合併しました。それによって、大塚家具が持つ家具の仕入れ・販売のノウハウなどを利用できるようになりました。そのため、ヤマダデンキはほかの家電量販店とは異なり、家具の販売に強みを持つようになっています。

　この合併の方法としては、吸収合併と新設合併の2つがあります。吸収合併が行われた場合、存続する会社のみが残り、もう一方の吸収される企業は消滅することになります（図9−1）。また、新設合併は新しい企業をつくり、その新しい企業に合併を行う複数の企業の経営資源を移すことで、経営統合を行う形態の合併です。この新設合併の場合、合併を行う企業はいずれも消滅し、新しい企業のみが存続することになります。一般的に、新たな法人を設立する手間を省けるなどの手続きの容易さから、吸収合併の方式が採用されることが多いとされています。このいずれの合併の方式を実行したとしても、合併を行

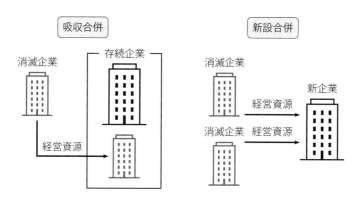

図9－1　合併の2つの方式

う企業の経営資源を1つの企業においてまとめて利用できるようになります。

　それに対して買収は、その名前の通り買収を行う企業（「**買収企業**」）が、もう一方の企業「（**被買収企業**）」やその企業の事業を株式の取得や金銭を支払うことで購入することを指します。買収も合併と同様に、各企業が保有していた従業員や生産設備、土地、資金、知識・ノウハウなどの経営資源を組み合わせて利用できるようになる点では同じです。例えば、家電量販店のビックカメラは、同じく家電量販店のコジマを2012年に買収しました。これによって、ビックカメラとコジマは家電メーカーからの仕入れを共通化することができ、購入量の増加によってメーカーとの仕入れ交渉をより有利に行いやすくなりました。また、重複する立地にある店舗の削減や、管理部門などの間接部門における重複する経営資源を減らすことでコスト削減効果を得られるようにもなりました。このように、ビックカメラとコジマは、お互いが持つ経営資源を組み合わせることで、より低コストでの経営を実現させやすくなったといえるでしょう。また、日本電産は2021年に三菱重工業からその子会社である三菱重工工作機械を買収しました。日本電産は工作機械事業で世界一を目指しており、そのためにも三菱重工工作機械が持つ製品群や顧客基盤を生かそうとしています。また、三菱重工工作機械[1]は、買収前は赤字でしたが、買収後は日本電産の経営資源を活用することによって、2022年時点で営業利益率12％の高収益企業になっ

ています。このように、買収は被買収企業すべてを買収、あるいはその子会社や一部の事業部門を購入することで、複数の企業が持つ経営資源を組み合わせて利用できるようになります。

　以上のように、合併と買収は経営資源を組み合わせて利用できるようになるという点では同じ効果があるといえるでしょう。こうした共通点があることから、合併と買収はM&Aと一括りにされることが多いです。しかしながら、合併と買収では、合併や買収を行うまでの当事者同士の合意形成や、経営資源の統合の程度に違いがあります。そこで、次節で合併と買収の違いについて詳しく説明しましょう。

2 ── 合併と買収の違い

❶ 当事者間の合意形成

　合併と買収の1つ目の違いは、当事者間の合意形成です。合併は双方の経営陣が合併の条件や合併後の経営方針などについて話し合いを行い、互いに納得したうえで経営統合を行っていきます。

　それに対して買収は、買収企業が被買収企業の株式を購入することによって行われる場合があります。その場合、買収企業と被買収企業の双方が納得して行われることが多いものの、被買収企業が反対しているにもかかわらず買収企業が株式の購入を行うことによって買収を実現させる場合もあります。買収企業と被買収企業が互いに納得をして買収が行われる場合を友好的買収といい、被買収企業が反対しているにもかかわらず買収が行われる場合を敵対的買収といいます。

　例えば、2019年にヤフーが「ZOZOTOWN」を運営するZOZOに対して、買収を行いました。このヤフーによるZOZOへの買収提案に対して、被買収企業であるZOZOは反対をすることなく、買収を受け入れています。これは、友好的買収の例です。それに対して、2006年に日本の製紙業界のトップシェアを持

★1　買収後は、日本電産マシンツールに名称変更し、さらに2023年4月よりニデックマシンツールに名称変更している。

つ王子製紙が北越製紙に対して行った買収は、敵対的買収の事例として挙げられます。北越製紙は王子製紙による買収に反対して、友好的な第三者によって買収を行ってもらうホワイトナイトと呼ばれる**買収防衛策**[2]を導入し、北越製紙は三菱商事の関連子会社となりました。そのため、王子製紙は北越製紙との経営統合をあきらめ、王子製紙による敵対的買収は失敗に終わりました。このように、合併と買収では経営統合のプロセスが異なるため、経営統合を行う企業が互いに納得しているかどうかという点も異なってくる場合があります。

❷ 経営資源の統合の程度

　合併と買収の2つ目の違いは、経営資源の統合の程度です。合併では、吸収合併と新設合併のどちらの合併が行われたとしても、1つの企業の下で当事者同士の経営資源の統合を行うため、高い水準で経営資源の統合が行われるといえます。

　それに対して買収の場合では、株式の取得の割合によって経営資源の統合には幅が生じます。買収企業が被買収企業の株式の20%〜50%未満を取得した場合、被買収企業は買収企業の関連子会社となります。また、50%以上の株式を取得した場合には、被買収企業は買収企業の子会社となります。株式会社では、株式の保有比率に応じて議決権が異なっており、それゆえに企業への影響力も異なってきます。関連子会社では、買収企業の意向に対してほかの株主が反対した場合、買収企業は単独で過半数の議決権を得ることができないため、買収企業の意向を押し通すことはできません。そのため、関連子会社では買収企業は被買収企業の経営に対して影響力を与えることはできますが、完全に支配できるわけではありません。それに対して、買収企業が被買収企業の株式を50%

---

[2]　買収防衛策とは、企業が敵対的買収を避けるための方法を指します。この買収防衛策の代表的なものとして、ホワイトナイトやポイズンピルという防衛策があります。ホワイトナイトは、敵対的買収者以外の第三者に有利な条件で買収してもらう方法です。ホワイトナイトが実行された場合、買収企業はホワイトナイトよりもよい条件を被買収企業の株主に提案する必要が生じます。また、ポイズンピルは、自社の株主になっている人たちに事前に新株予約権を発行しておく防衛策です。ポイズンピルが発動されると、被買収企業の発行株式数が急増することになります。そのため、買収企業が被買収企業の過半数を取得するためのコストが増大することになります。

以上保有している場合、ほかのすべての株主が買収企業の意向に反対したとしても、買収企業が単独で過半数を取ることができます。そのため、買収企業はほかの株主の意向を無視して被買収企業の経営を実質的に行うことができます。このように、買収においては、買収をどこまで進めるかによって、被買収企業への影響力が変わり、それによって経営資源を買収企業の意向によって組み合わせられるかどうかも変わってきます。

このように合併と買収は複数の企業がそれぞれの企業の持つ経営資源を組み合わせて１つの組織、あるいは企業グループとして事業活動を行うようになることを指します。では、こうしたM&Aにはどのような種類があるのでしょうか。

2　M&Aの種類

M&Aの相手としてどのような企業を選ぶのかによって、M&Aの種類は「**水平統合**」「**垂直統合型M&A**」「**多角化型M&A**」の３つに分けることができます。では、それぞれのM&Aのタイプはどのような特徴を持つのでしょうか。

1 ── 水平統合

１つ目のM&Aのタイプが「水平統合」です。「水平統合」とは、同じ業界内の競合企業とM&Aを行うことを指します。

日本のセメント業界では、1994年に小野田セメントと秩父セメントが合併して秩父小野田セメントに、住友セメントと大阪セメントが合併によって住友大阪セメントに、1998年には秩父小野田セメントと日本セメントが合併して太平洋セメントに、2022年には宇部興産と三菱マテリアルのセメント部門がそれぞれ合併してUBE三菱セメントが誕生しています（図9－2）。これらの合併はいずれも同じセメント業界で事業活動をしている企業同士の合併であるため、水平統合の例となります。

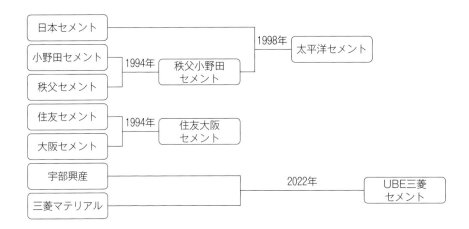

図9-2　日本のセメント業界における水平統合

2 — 垂直統合型M＆A

「垂直統合」とは、自社の取引先の業界に進出することを指します。例えば、ある製品をつくっているメーカーがその製品に必要な材料をつくっている業界に参入する場合や、その製品を販売している業界に参入する場合を垂直統合といいます。この垂直統合をM&Aによって行うのが「垂直統合型M&A」です（図9-3）。

例えば、Apple社はiPhoneやiPadなど、自社製品の原材料を生産している企

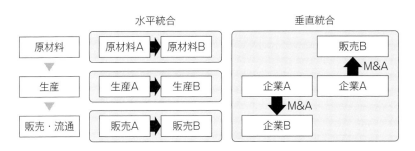

図9-3　M&Aの方法：水平統合と垂直統合型M&Aの概念図

業とのM&Aによる垂直統合を積極的に行っています。2008年にはPalo Alto Semiconductor社、2010年にはIntrinsity社という、いずれも半導体の開発を行っていた企業を買収しています。また、2011年にはフラッシュメモリーのAnobit社を、2014年にはディスプレイ技術を保有するLuxVue Technology社を買収しています。このように、Appleは垂直統合をM&Aによって行い、部品に関する研究開発をApple自身でもできるようにしています。

③ ── 多角化型M&A

　多角化とは、既存事業とは異なる製品・サービスの分野に進出することを指します（第7章参照）。この多角化を行うM&Aを「多角化型M&A」といいます。この多角化にはM&Aのターゲット企業が既存事業と関連性を持っている「**関連多角化**」と、関連性のない「**非関連多角化**」の2つの種類があります。一般的に、関連多角化の方が非関連多角化よりも「範囲の経済性（シナジー効果）」を得やすく、より望ましいとされています。

　このようにM&Aは、同じ業界の企業と行うのか、取引先の企業と行うのか、異なる製品・サービス分野の企業と行うのかによってタイプを分けることができます。では、こうしたM&Aはどのような目的で行われるのでしょうか。なぜ企業は、M&Aという手段を用いてほかの企業が持つ経営資源を獲得しようとするのでしょうか。次節ではこのことについて解説をしましょう。

3　M&Aの目的とメリット ────────●

① ── 目的

　M&Aの目的は、主に「外部成長」と「売却益の獲得」「事業承継」の3つです。これら3つの目的の中で最も基本的な目的は「外部成長」です。企業が成長していくための方法として、自らが持つ経営資源を活用して成長を遂げて

いく「**内部成長**」と企業外の経営資源を獲得して成長していく「**外部成長**」が
あります。この2つの成長の方法のうち、内部成長は通常時間がかかるとされ
ています。企業が持つ経営資源を変えていく、あるいは蓄積していくには時間
がかかることが多いからです。しかしながら、「環境が変化して新しい技術を
用いた製品・サービスを販売する必要が生じた」などのように、内部成長に頼っ
ていては対応できない場合もしばしば起こり得ます。そうしたときに用いられ
るのが外部成長としてのM&Aです。M&Aを行うことによって、ほかの企業
が保有している知識やノウハウ、生産設備、販売経路などの経営資源をすぐに
活用できるようになります。それによって、M&Aを行った企業は環境の変化
に対応することができ、長期的な成長を実現させていくことも可能となります。
また、企業が子会社や関連会社、事業部門などの企業の一部をM&Aによって
売却する場合、売り手も外部成長の機会を得ることになります。企業の一部を
別の企業に買収してもらうことで、資金を獲得し、その資金を成長のために用
いることができます。このように、M&Aを行うことによって外部の経営資源
を取り入れて成長を狙っていくことが、M&Aを行う買い手・売り手双方にとっ
ての最も基本的な理由となります。

　M&Aの第2の目的は、売却益の獲得です。企業は成長すれば企業価値が高
まるため、企業を成長させた後に売却することで、売却益を獲得することも可
能です。この目的でM&A、特に買収を行うことが多いのが企業買収を行って
いる投資会社や創業者です。企業買収を行っている投資会社は、売却益を獲得
することを目的に企業を買収してその企業の経営に関与し、企業価値を高めた
うえで売却を行うというビジネスを行っています。また、オーナー企業は経営
者が株式の多くを所有していることが多く、その株式を売却することで多くの
資金を得られます。例えば、ZOZOTOWNの運営会社であるZOZOの創業者の
前澤友作氏は、ZOZOがヤフーに買収された際に、保有していた約9,200万株
をヤフーに売却することで2,000億円以上の資金を得ることができました。こ
のように、企業価値を高めた後に売却を行い、売却益の獲得を狙うことが、買
収の売り手側にとっての目的となる場合もあります。

　M&Aの第3の目的は、事業承継です。事業承継とは、企業の経営を後継者

に引き継ぐことを指します。従業員の数が少ない中小企業では、後継者不足に悩まされることも少なくありません。その場合、その中小企業が取り得る選択肢は大きく分けて、①その中小企業を解散させるか、②社内にいる能力不足の従業員に引き継がせる、③社外から経営者を招くという3つに分けられます。このとき、①の中小企業を解散させる選択肢と、②社内にいる能力不足の従業員に引き継がせるという選択肢を取ることは中小企業、特に創業者やその一族が経営するオーナー企業では難しいとされています。オーナー経営者にとって、自身が経営する企業は自らが数十年にわたって苦労して育て上げてきた「子ども」のような存在となっていたり、従業員の少なさからオーナー経営者と従業員との間に情が生まれていたりします。そのため、オーナー経営者が自身の企業を解散させるという意思決定を行うことは難しいのです。また、社内にいる能力不足の従業員に企業を引き継がせた場合にも、経営がうまくできなければ結局は倒産してしまう可能性が高くなります。そのため、後継者不足に悩む中小企業は企業を存続させるため、あるいは従業員の生活を守るために、社外から経営者を招くことが重要となり、その方法としてM&Aによって他社に買収してもらう方法を選択することがあります。この事業を存続させるためのM&Aが行われる場合、売却を行うオーナー経営者は経済的な利益のみを求めるわけではありません。売り手であるオーナー経営者はより高い売却価格を求めるのではなく、自身の企業を任せるのに買い手企業の経営者が信頼できるのかどうかも判断材料にしているとされています★3。このように、外部成長のためではなく、企業を存続させるためにM&Aが行われる場合もあります。

　以上のように、M&Aは外部成長や売却益の獲得、事業承継など、さまざまな目的のもとで行われます。この3つの目的のうち、売却益の獲得や事業承継の2つの目的についてはM&Aが完了した時点でその目的を達成できているといえるでしょう。しかしながら、外部成長という目的についてはM&Aが完了した時点で目的が達成できるわけではありません。M&Aを行えばそれが必ず成長につながるというわけではないからです。M&Aによって獲得した経営資

★3　古瀬公博（2011）『贈与と売買の混在する交換―中小企業M&Aにおける経営者の葛藤とその解消プロセス―』白桃書房

源を企業成長に生かしていくためには、M&Aによって得られるメリットを十分に生かしていくことが必要となります。では、M&Aにはどのようなメリットがあるのでしょうか。次はそのM&Aによって得られるメリットについて解説していきましょう。

2 ── メリット

❶ 市場支配力の向上

　M&Aによって得られるメリットの１つ目が、産業構造の変化による市場支配力の向上です。前節で解説をしたM&Aの３つの種類のうち、特に「水平統合」と「垂直統合」は産業構造を変化させることができるといえます。水平統合は同じ産業内の競合企業とM&Aを行うことを指すため、当然ながら水平統合を行うことによって競合企業の数を減らすことができます。また、M&Aを行った企業は原材料の仕入れ量や製品・サービスの販売数量が増加するため、原材料の売り手や製品・サービスの買い手に対して高い交渉力を持ちやすくなります。このように水平統合によって「**既存企業間の対抗度**」の低下や、「**売り手・買い手の交渉力**」の低下を実現させることも可能となります（図９－４）★4。

　また、「垂直統合型M&A」によっても「売り手・買い手の交渉力」を低下

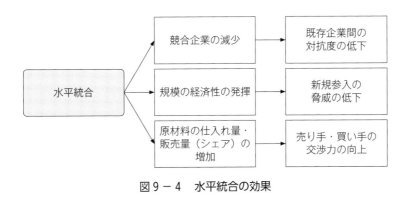

図９－４　水平統合の効果

★4　詳しくは第３章を参照してください。

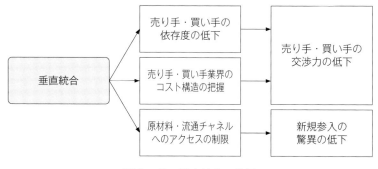

図9－5　垂直統合の効果

させることができます。垂直統合型M&Aによって売り手業界や買い手業界に進出することによって、M&Aを行った企業は売り手や買い手への依存度を低下させることができます。さらに、売り手業界や買い手業界でも事業活動を行うことによって、売り手・買い手業界のコスト構造を把握することもできます。そうしたコスト情報を知ることによって、売り手・買い手業界と取引を行う際に価格交渉を行いやすくもなります。加えて、垂直統合によって「**新規参入の脅威**」を防ぐこともできます。例えば、原材料の供給業者がごく一部のメーカーに限られている場合、その供給業者を買収することによって新規参入企業が製品・サービスの提供に必要な原材料を仕入れることを難しくすることもできます。

　このように、垂直統合をM&Aによって行うことで、売り手・買い手への交渉力を高めることも可能です（図9－5）。

❷ 規模の経済性

　M&Aによって得られる効果の2つ目は、規模の経済性です。規模の経済性とは、生産・販売数量が増えることによって、平均費用が低下することを指します。規模の経済性が生じる要因としては、（1）固定費負担の低下、（2）分業と専門化、（3）最適な生産設備・生産方式の導入などが挙げられます。こうした理由から規模の拡大を行うことで、平均費用を下げることができます。

　M＆Aは複数の企業が1つの企業として活動するようになるため、必然的に規模の拡大が伴います。そのため、M＆Aでは規模の経済性の効果を得ること

ができます。2012年にビックカメラがコジマを買収した際には、物流コストを集約することによって、コストの削減を図っています。これはM&Aによって固定費負担の低下をねらったものといえます。

❸ 範囲の経済性（シナジー効果）

　M&Aによって得られる効果の3つ目は、第7章で学んだ**範囲の経済性**[5]（**シナジー効果**）です。M&Aによって複数の企業が1つの企業として活動する際、それらの企業はM&A前まではそれぞれ異なる経営戦略を実行してきており、それゆえに異なる技術を持っていたり、異なる販路を持っていたりします。そうした異なる経営資源を保有している企業が1つの企業として事業活動をするようになることで、新たな経営資源の組み合わせが生まれることがあります。それによって、1+1が2ではなく、3や4になるというように、単純な組み合わせ以上のものを生み出すことができます。

　M&Aによって範囲の経済性を実現させた例として、インターネット小売のアマゾンによる食品スーパーのホールフーズの買収が挙げられます。この買収によって、アマゾンではホールフーズで販売されている食品をオンライン上で販売することができるようになりました。また、ホールフーズの各店舗においてアマゾンで注文した製品の受け取りや返品もできるようになっています。このように、アマゾンが元々持っていたインターネット小売としての経営資源に食品スーパーというリアル店舗が持つ経営資源を組み合わせることで、アマゾンの利用客とホールフーズの利用客の双方により高い利便性を提供できるようになりました。

　アマゾンによるホールフーズ買収の事例では、アマゾンとホールフーズがそれぞれの流通チャネルを利用し合っているという点で販売シナジーを達成しているといえます。また、ヤマダデンキと大塚家具の事例も販売シナジーを生かしている事例です。このようにM&Aによって範囲の経済性を得ることができます。

---

[5]　第7章 p.131を参照してください。

❹ 時間の節約

　M＆Aによって得られる効果の４つ目は、時間の節約です。M＆Aの目的で
も解説をしたように、企業が持つ経営資源を変えていく、あるいは蓄積してい
くためには時間がかかることが多いです。しかしながら、M＆Aによって、す
でに存在している経営資源を購入することで、経営資源を変えたり、蓄積した
りするための時間を節約できます。例えば、Apple社は2018年にイスラエルの
ベンチャー企業「Camerai」の買収を行っています。このCameraiは、写真の
解析を行い、写真に写っている人物の顔や髪などの特徴や形態を検出し、髪や
肌の色を調整できる技術の開発を行っていました。Apple社はこうした
Cameraiが持つ技術をM＆Aによって獲得することで、自社で開発する時間を
節約し、より早くiPhoneのカメラ性能を高めることができるようになりました。
このように、M＆Aによって企業外部にある経営資源を獲得することで、経営
資源の質や量を高める時間を節約することが可能となります。

4　M&Aのデメリット

1 ── 失敗が多いM&A

　ここまで説明してきたようにM&Aにはさまざまな目的があり、それによっ
てさまざまな効果を得ることができるといわれてきました。しかしながら、
M&Aの40%～50%程度が失敗に終わっているという研究結果もあります[6]。で
は、さまざまな効果があると議論されてきており、またそうした効果が信じら
れ数多くのM&Aが実行されるようになってきているにもかかわらず、なぜ
M&Aは失敗してしまうのでしょうか。ここではM&Aの失敗要因について、

---

[6]　Kitching, J.（1974）"Winning and Losing With European Acquisitions", *Harvard Business Review*, 52, pp.124-136.
　Gerds, J. & Schewe, G.（2004）*"Post Merger Integration: Unternehmenserfolg durch Integration Excellence,"* 1 st ed. Berlin, Heidelberg : Springer.

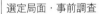 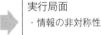 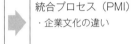

図9－6　M＆Aのプロセスと主なリスク

①M＆Aを行う企業を選ぶ事前局面、②その相手企業を精査し、M＆Aの条件を整える実行局面、③M＆A後に企業を統合していく統合段階の3つに分けて考えてみましょう（図9－6）。

2 ── M&Aの失敗要因

❶ 選定局面・事前調査（デューデリジェンス）での問題：ターゲット企業の選択ミス

　M＆Aの事前局面では、戦略的合理性のある企業をM＆Aの対象として選択できていないという問題が生じる可能性があります。M＆Aは市場支配力を高めたり、規模の経済性や範囲の経済性を生み出していくために、異なる企業が持つ経営資源を組み合わせていくというものでした。そのため、どのような経営資源を持つ企業とM＆Aを行い、どのような経営資源を組み合わせるのかがM＆Aの成否を分けるうえで重要なポイントとなります。別の言い方をすれば、適切ではない企業をM＆Aのターゲットとして選択してしまった場合には、M＆Aによるメリットを十分に生かすことができず、M＆Aが失敗に終わるリスクが高くなってしまいます。

　この事前の計画段階でM＆Aのターゲット企業の選択を失敗する理由として、①「**経営者の傲慢（managerial hubris）**」と、②ターゲット企業の制約の2つが挙げられます。「経営者の傲慢」とは、M＆Aを実行する、特に買収を行う側の企業が、M＆Aのターゲットになっている企業の経営を、現在の経営陣よりも効率的に実行できると考えることを指しています[7]。こうした「経営者

★7　Roll, R. (1986) "The hubris hypothesis of corporate takeovers". *Journal of Business*, 59, (2), pp.205-216.

の傲慢」によって、M&Aのターゲット企業が選ばれてしまうと、戦略的合理性が低いにもかかわらずM&Aが行われることになり、M&Aが失敗する可能性が高くなってしまいます。

また、最適なM&Aのターゲット企業が分かっていたとしても、「**独占禁止法**」によってそもそもM&Aの相手として選ぶことができないという場合もあります。独占禁止法によって、市場支配力が過度に高まるようなM&Aはその実行が禁止されたり、制約が設けられたりします。そのため、M&Aを行う際に、市場支配力が大きく高まるような効果的な企業とM&Aができない可能性があります。

このようにM&Aのターゲット企業を選ぶという事前の戦略策定プロセスにおいては、経営者の自信過剰によって最適なターゲット企業が選ばれなかったり、そもそも最適なターゲット企業とのM&Aが独占禁止法によって制限されてしまうという問題によって、M&Aのパフォーマンスが低下してしまう可能性があります。

❷ 実行局面での問題：高すぎるコスト

M&Aのターゲット企業が決まれば、次に行うのは実際にそのターゲット企業とのM&Aの実行です。このM&Aの実行局面において、M&Aを行う企業はターゲット企業が持つ経営資源の実態を把握し、どのようなリスクがあるのかといったターゲット企業の分析を行ったうえで、合併の条件や買収価格の決定など、M&Aの契約を行っていくことになります。

この実行局面で生じる問題が、M&Aのコストを過大に支払ってしまうことです。M&Aを行う際に、M&Aの相手の情報を分析しますが、相手企業の情報すべてを把握することはできません。こうした買い手と売り手の間に持っている情報に差があることを「**情報の非対称性**」といいます。例えば、みなさんも自分の性格の欠点などについてはよく知っていますが、みなさんの友だちや恋人はそうした欠点などの情報についてはよく知らないということがあると思います。こうした持っている情報の差が「情報の非対称性」です。私たちはこうした情報の非対称性があるために、最初は良い人だと思って付き合ったのに、実際に付き合ってみると自分には合わなかったと別れを経験してしまったりし

ます。実はこれはM＆Aでも同じなのです。

　M＆Aにおいても「情報の非対称性」ゆえに、M＆Aの相手を過大評価してしまうことがあります。企業の外からは優れた経営資源を持っていると思われている企業であっても、いざM＆Aを行ってみるとそのような優れた経営資源がなかったという場合や、実は不正な会計処理が行われており、売上高や利益、保有している資産が過大に申告されていたというケースもあり得ます。特に、敵対的買収を行う場合には、被買収企業が情報の開示に消極的であるため、被買収企業の情報を得ることが難しくなります。それによって、被買収企業の価値を見誤る可能性も高くなってしまいます。

　また、仮にM＆Aの相手を過大評価していなかったとしても、M＆Aのコストが大きくなってしまうことがあります。例えば、敵対的買収を行った際に、被買収企業が「**買収防衛策**」を行い、買収のコストが当初の予定よりも必要になる場合があります。

　こうした「情報の非対称性」や「買収防衛策」などによって、M＆Aのコストが過剰となってしまう可能性があります。

❸ M＆A後の統合プロセスでの問題：文化の統合

　M＆Aの契約が締結されれば、次に行われるのは「**PMI（Post Merger Integration）**」といわれる複数の企業を統合し、M＆Aの計画段階でねらったM＆Aによる効果を実現させていくプロセスです。

　このプロセスでは、企業文化の違いや経営統合や業務統合の難しさによって、M＆Aのメリットをうまく発揮できないことが主な問題となります。先述の通り、M＆Aが持つさまざまなメリットは、企業がそれまで持っていた経営資源とM＆Aによって獲得した新たな経営資源を組み合わせることで生じます。これは、別の言い方をすれば、企業が新たな経営資源をM＆Aによって獲得したとしても、その経営資源をこれまでの経営資源と組み合わせて使わず、単にバラバラに存在しているだけではM＆Aによるメリットは生まれてこないことも意味しています。そのため、M＆Aを行った企業が持つ経営資源を効果的・効率的に利用できるようにするための工夫が必要となります。

　こうした経営資源の組み合わせを妨げてしまう第1の要因が、「**企業文化の違い**」による対立です。M&Aによって1つになる企業は、M&A前までは別々に独立して事業活動を営んできた企業です。そのため、それぞれの企業は異なる経営理念を持ち、異なる経営戦略を実行してきており、異なる意識・考え方を持っています。そのため、PMIのプロセスでは、企業文化によって異なる企業出身者の間で対立が生じてしまうことがしばしば起こります。例えば、1986年に住友銀行と平和相互銀行との間で行われた合併においては、ハードワークを行う住友銀行出身者と、よりワーク・ライフ・バランスを重視していた平和相互銀行出身者との間で対立が生じ、平和相互銀行出身者が大量に退職したとされています[★8]。M&Aの統合プロセスにおいてこうした対立が生じた場合、M&Aのメリットを生かすためのコミュニケーションが生まれなかったり、その対立を解消するための組織構築に追加のコストが必要になってしまったり、退職によって重要な知識・ノウハウが失われてしまうということが起こり得ます。

　また、M&Aのメリットを妨げてしまう第2の要因が、経営統合や業務統合の難しさです。M&Aを成功させるには、経営陣が合理的な戦略を描き、それを各従業員が実行していくことが必要となります。しかしながら、経営陣が合理的な戦略を描くことは必ずしも容易ではありません。M&Aを行った企業がより効果的・効率的に経営資源を活用するためには、重複する経営資源を削減しつつ、魅力的な事業分野への集中が必要です。重複する経営資源が多ければ、無駄が多く、コスト負担が多くなってしまいます。また、魅力的な事業分野に経営資源を集中的に投下できなければ、競合企業との競争に勝つことは難しくなります。しかしながら、重複する経営資源を削減し、一部の事業分野に経営資源を集中的に投入する場合、従業員の解雇や各部門からの抵抗が生じる可能性があります。こうした問題を経営陣が回避しようとした場合には、合理的な戦略を描くことが難しく、M&Aを行った企業の経営統合が妨げられる可能性があります。

★8　田澤拓也（1991）『住友銀行人事第2部―旧平和相互銀行員25人の証言と軌跡―』アイペックプレス

5　アライアンス（戦略的提携）

1 ── アライアンスとは

　M&Aと並び外部成長の手段として重要なものが「**アライアンス（戦略的提携）**」です。「アライアンス」とは、企業間で知識や能力、生産設備などの経営資源を共有し、製品・サービスの開発に役立てようとする試みを指します。M&Aも企業間でそれぞれの企業が持つ経営資源を活用できるようにするものでしたが、アライアンスは提携を結ぶ企業同士が「**独立した組織を維持**」したまま緩やかなつながりを持つという違いがあります。このアライアンスの方法として、①「**業務委託**」と、②「**資本提携**」、③「**ジョイントベンチャー（合弁企業）**」という3つの方法があります（図9－7）。

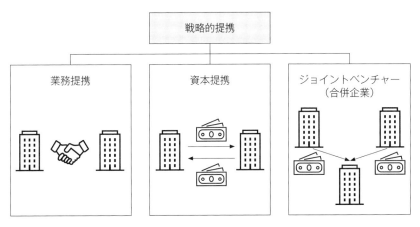

図9－7　戦略的提携の概念図

2 ── アライアンスの方法

❶ 業務委託
　「業務委託」は、「アライアンス」を結んだ企業間で製品やサービスの開発、

製造、販売などの業務面において協力関係を結ぶものです。例えば、イタリアのサッカークラブACミランは、2022年8月にアメリカの投資会社レッドバード・キャピタル・パートナーズに12億ユーロ（約1,670億円）で買収されることとなりました。このレッドバード・キャピタル・パートナーズは野球チームのニューヨーク・ヤンキースともつながりがあったことから、ACミランとニューヨーク・ヤンキースの間でアライアンスが結ばれ、ACミランのユニフォームがニューヨーク・ヤンキースの本拠地であるヤンキース・スタジアムで販売され、またニューヨーク・ヤンキースのユニフォームがACミランの公式ショップで売られるという販売面での業務委託が行われました。

❷ 資本提携

「資本提携」は、提携を行う企業の一方、あるいはお互いに出資することで協力関係を結ぶアライアンスであり、出資先の企業がより高い利益を出すことで、出資した企業もより高い利益を得られるようになります。そのため、資本提携は業務提携よりも強い関係性をつくるものとなります。例えば、自動車メーカーのトヨタは、2020年にNTTと業務提携だけでなく、お互いに2,000億円を出資し合い、通信を活用した自動運転技術を共同開発すると発表しました。このトヨタとNTTの事例は、共同開発という業務提携を行うとともに、資本提携も行った例といえます。

❸ ジョイントベンチャー（合弁企業）

「ジョイントベンチャー（合弁企業）」は、協力する企業が共同で出資を行い、独立した企業を設立することを指します。その出資によって設立された企業が獲得した利益は、出資した割合に基づいて分け合うことになります。そのため、アライアンスとしては最も強い関係性を築くものとなります。

例えば、ホンダとソニーは電気自動車の共同開発・生産・販売を行うジョイントベンチャーを設立することを2022年に発表しています。ソニーはCMOSセンサーといわれる画像認識に必要な部品で高いシェアを持っています。みなさんに身近な例でいえば、ソニーのデジタルカメラはもちろんのこと、iPhoneの

カメラにもこのソニーのセンサーが使われています。こうしたソニーの画像認識の技術などをホンダの自動車製造の技術と組み合わせることで、新たな自動車を開発していくねらいがあります。こうしたソニーとホンダの事例はアライアンスのジョイントベンチャーの例といえます。

3 ── アライアンスの目的

　では、なぜ企業はアライアンスを結ぶのでしょうか。アライアンスを結ぶ目的は独立性を維持したまま市場取引では獲得することが難しい経営資源を利用することにあります。例えば、ソニーが保有しているCMOSセンサーの技術をホンダが利用したいと考えたとして、いったいどれだけの価格をつければよいでしょうか。ソニーが持つCMOSセンサーの技術がどれだけ優れたものなのか、あるいはその技術をホンダが教えてもらったとしてどれだけ自動車開発に生かすことができるかは、その技術の内容を詳しく知らなければわかりません。しかし、そうした知識やノウハウをホンダが知った瞬間にホンダはソニーからその知識やノウハウに関する取引を行う理由がなくなってしまいます。このように、知識やノウハウといった経営資源自体を売買することは現実には難しいといえるでしょう。それに対して、アライアンスを行うことによって、お互いが何らかの形で利益を得ることができるようにすれば、そうした経営資源を共有しやすくなります。つまり、市場取引で買うことが難しい経営資源を利用できるようになるというのがアライアンスの目的の１つとなります。

　特に、近年ではグローバル化が進み、競争が激しくなっています。そのため、市場で取引することが難しい経営資源に素早くアクセスできるアライアンスによって、競争力を強化することがより重要になってきています。

　アライアンスを結ぶことのもう１つのメリットは、独立性を維持することができるという点です。M＆Aで他社を購入することによっても、市場取引では獲得することが難しい経営資源を活用できるようになります。ただし、M＆Aのデメリットでも説明したように、M＆Aは失敗することも少なくなく、そのメリットを生かすために、合併後の統合（PMI）プロセスに多大なコストが必

要になる場合もあります。アライアンスを行うことで、そうしたM＆Aのデメリットを回避しながら、経営資源を共有することによるメリットを得ることができます。

── ★まとめ★ ──

　　M&A もアライアンスも企業が内部成長ではなく、外部の力を用いて成長していくための手段といえます。こうした外部成長の手段は、市場支配力の向上や規模の経済性、シナジー効果が得られるなどと大々的にその効果がうたわれることがしばしばあります。しかしながら、M&A の 40％〜50％は失敗しているともいわれるように、M&A のメリットを実際に実現させていくことは容易ではありません。そのため、M&A を成功させるためにも、M&A の相手として正しい企業を選択できているのか、過大評価をしてしまっていないか、また文化の違いなどから M&A の効果が失われてしまっていないかなどを考える必要があります。

演習問題

①同一業界におけるM&Aを（　　　　　　　）という。

②M&Aのメリットの１つである（　　　　　　　　　）は、生産・販売数量が増えることで平均費用が低下することを指す。

③各企業が独立した組織を維持したまま、お互いの経営資源を利用できるようにすることを（　　　　　　　　　　　　）という。

④M&Aが行われた事例を探し、そのM&Aがどのような目的で行われたのか、またそれがどのような効果を持つのか考えてみましょう。

⑤成熟した産業では、日本のセメント業界のように水平統合がしばしば行われます。では、なぜ成熟した業界において水平統合が行われるのか考えてみましょう。

Column

日本におけるM&A

　日本企業と欧米、特にアメリカの企業では経営者が重視するステークホルダーが異なるといわれています。日本企業は長期雇用が普及しており、それゆえに各企業の経営者においても最初はその企業に新卒として入社し、ほかの従業員と苦楽を共にしながら今の経営者という地位にまで上り詰めた人が多くいます。一方アメリカの企業では、日本よりも雇用が流動的であり、経営者もその企業の株主によって社外から雇われたという人が多くいます。こうした違いから、日本企業の経営者は従業員を大事にしており、欧米企業は出資者である株主を大事にしているといわれています。

　この重視するステークホルダーの違いがM&Aの相手の選択にも影響を与えています。従業員のことを大事にしているといわれる日本企業は、従業員の解雇を回避するべく、撤退に追い込まれそうな事業を補強しようとし、弱みを補完するようなM&Aの相手を選ぶ傾向にあります。つまり、自社が弱い分野において強い競争力を持っている企業の経営資源を利用しようとするのです。そのため、結果的に日本企業は事業活動を行っている各分野において弱い事業分野もないけれど、特に強い事業分野もないという状況が生まれやすくなります。

　しかし、こうした従業員の解雇を避けるためのM&Aが成熟・衰退期における業界構造を変え、利益ポテンシャルを高めることにつながるとは限りません。需要が低下している状況では生産過剰になりやすいため、価格も低下しやすい傾向にあります。そのため、需要の低下局面では、価格競争を回避し、業界全体の収益性を維持するために業界全体の生産能力を削減させることで需要と供給のバランスを取ることが求められます。しかしながら、日本企業は従業員の解雇を積極的には行おうとしないため、結局はM&Aによって生産能力を削減する機会を得たとしても従業員の解雇を伴う工場等の閉鎖を行わない傾向があります。例えば、筆者が研究対象とした日本のセメント業界では、従業員の雇用を守るための弱みを補い合うようなM&Aが行われた結果、生産能力の削減が遅れ、セメント価格が下落しています。

　このように日本におけるM&Aでは、従業員の雇用を守るために、余剰な経営資源の削減が行われず、M&Aのメリットを生かしきれない状況がしばしば見られます。

第10章
成長戦略4（イノベーション）

ある日の夕方

A：T先生、急なオンライン・ミーティングにもかかわらず、都合をつけていただいてありがとうございます。

T：オンライン・ミーティングは近年急速に普及したね。これまでのミーティングは対面が当然だから、「対面」という言葉はめったに使わなかったね。

A：確かに「対面」なんて言いませんでしたね。これって、当たり前が変わったということですか？

T：そうだね。ちょうど「イノベーション」について話そうと思っていたからよい機会だよ。

A：「イノベーション」ですか！　最近よく聞きます。

T：A君は「イノベーション」って何だと思う？

A：やっぱり発明や技術革新が「イノベーション」かなと思います。

T：その答えは間違いではないけど、正解ではないね。もっと考えてみよう。「イノベーション」によって、企業にはどんな良いことがあると思う？

A：すごく儲かる！

T：そうだね。まさに企業の競争優位につながっているということだね。さらに踏み込んで、「イノベーション」が企業の競争優位につながるということは、どういうことだと思う？　よく考えてみて。

A：そうですねえ。あっ！　差別化やコストリーダーシップにもつながるということですか？

> **Q** イノベーションは企業の戦略とどのように
> 関わるのでしょうか？

●キーワード
□ 新結合
□ 技術的イノベーション
□ イノベーターのジレンマ
□ 両利きのマネジメント
□ 探索と深化

1 イノベーションとは

1 ── シュンペーターのイノベーション論

❶ 古くて新しいイノベーション

「**イノベーション**」（innovation）は、さまざまな文脈で用いられる言葉です。みなさんも、経済誌の記事や動画メディアでのニュースなど、日常生活でイノベーションについて見聞きすることがあるでしょう。例えば、「これからの当社は新たなイノベーションによって成長を目指していく」や「科学技術イノベーション政策によって日本の経済成長を実現していく」あるいは「働き方のイノベーションによって生産性の向上を実現させる」といったものです。

イノベーションのイメージとして、何やらすごいことで大切そうであるということは共有できているでしょう。確かに、イノベーションは企業だけでなく、政策や個人の働き方にまで登場するため、無意味なものであるはずがありません。しかしながら、多様な文脈で用いられるがゆえに、結局イノベーションとは何かがわからないままになってしまいがちです。そこで本章ではひとまず、イノベーションを「経済的な価値を生み出す新しいモノゴト」[1]と定義して説明を進めていきます。

イノベーションの考え方が登場するのは、経営戦略の登場よりもはるかに早く、1912年のシュンペーター（Schumpeter, J. A.）による『経済発展の理論』にまでさかのぼることができます。著書のタイトルからわかるように、イノベー

ションの源流は経済学の研究にあります。そこで論じられたのが「**新結合**」(new combination) です。

❷ 新結合としてのイノベーション

　新結合とは、その文字通り、新しい組み合わせのことです。これまで実践されてこなかった新結合によって、新たな価値を生み出すものです。シュンペーターは、1926年の『経済発展の理論［第２版］』★1 にて新結合を５つに分類し、次のように説明しています（表10－１）。

　シュンペーターによる新結合の分類と解説は、イノベーションを理解するうえで極めて重要な指摘を含んでいます。

　まず、「必ずしも科学的に新しい発見に基づく必要はない」という点です。ここからわかるのは、「**発明**」(invention) とイノベーション (innovation) は異なるということです。もちろん、「必ずしも」とあるように、発明がイノベーションにつながることもありますが、発明ではないものがイノベーションになる可能性もあります。すでに知られているもの同士の新結合として最も有名なのは、iPhoneでしょう。iPhoneに用いられている技術の多くはすでにほかの用途向けに開発されていましたが、それらをスマートフォンという製品のために組み合わせたことに新しい価値がありました。

表10－１　新結合の５つの分類

新しい製品	消費者がまだ知らない製品、新しい品質の製品。
新しい生産方法	新しい方法の導入。必ずしも科学的に新しい発見に基づく必要はない。
新しい市場	従来参加していなかった市場の開拓。
新しい原料	従来用いていなかった原料の獲得。
新しい産業構造	独占的地位の形成あるいは独占の打破。

出典：J.A. シュンペーター（塩野谷祐一・中山伊知郎・東畑精一訳）(1977)
　　　『経済発展の理論（上)』岩波書店　pp.182-183を一部改変

★1　ここまでに２種類の『経済発展の理論』が登場しました。それらは「版」によって区別されています。異なる「版」では内容に違いが生じることがあります。例えば、新結合の５つの分類は「初版」にはないものであり、「第２版」から登場したものです。細かいことではありますが、気をつけてみましょう。

　次に5つの分類全体からわかることとして、**イノベーションは技術的な問題に限らない**ということです。新しい市場の開拓や産業構造の実現のためには、技術というよりもマーケティングやビジネスモデルの側面がより強調されるでしょう。イノベーションが技術に限定されないことは、イノベーションを理解するうえで極めて重要です。しかしながら、イノベーションが技術の文脈で論じられることが多いのもまた事実です。

　新結合を、実質的にイノベーションと呼ぶようになるのは、シュンペーターが1928年に公表した学術論文[★2]や1939年に出版した『景気循環論』まで待たねばなりません。新結合をイノベーションと読み替えるようになったのは、このときからになります。イノベーションが多様な文脈で用いられていることも、新結合の分類を理解すれば納得できるでしょう。

2 ── 経営戦略とイノベーション

　ここからようやく、経営戦略とイノベーションの関係について解説を進めていきます。経営戦略という概念がチャンドラー（Chandler, A. D., Jr.）によって経営学に導入された1962年に、ロジャース（Rogers, E. M.）が『イノベーションの普及』を著しました。ロジャースの研究は経営現象に限らずさまざまな社会的状況に焦点を当てたものでしたが、その後の経営戦略やイノベーションの研究に大きな影響を与えています。ロジャースは、イノベーションを新技術と同義的に扱い、イノベーションがどのように社会に受け入れられていくのかについて特徴的な図をもとに説明しています（図10-1）。縦軸のイノベーションの採用者数は、累積採用者数ではなく、初めて新製品や新技術を取り入れた採用者数を表しています。製品ライフサイクルと同じように、ある時点まではあまり増えない採用者が、ある時点から急速に増えて普及していくことを表しています。

　イノベーションの普及とは、新たな価値が社会や市場に受け入れられること

★2　Schumpeter, J. A.（1928）. The instability of capitalism. *The Economic Journal*, 38（151）, 361-386. 原著となる論文を読んでみることは良い学習になります。

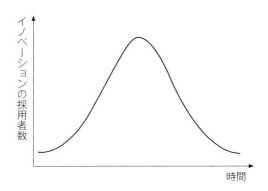

図10−1　イノベーションの普及
出典：E.M. ロジャース（三藤利雄訳）（2007）『イノベーショ
ンの普及』翔泳社　p.229を一部改変

です。イノベーションによって少しずつ生活や価値観が変化していくのです。本章冒頭のＴ先生とＡ君の会話にもあったオンライン・ミーティングは良い例です。多様な技術の新結合によって開発されたサービスが広く普及した結果、ミーティングに対する価値観が変化しました。このように、いかに斬新な製品を開発したとしても、市場に受け入れられなければイノベーションとはいえません。

　イノベーションが経営戦略の文脈で大きく光を浴びたのは、さらに時が経った1986年にフォスター（Foster, R. N.）が著した『イノベーション』からです。フォスターは、Ｓ字カーブを用いてイノベーションが競争優位に大きな影響を与えることを論じました。フォスターもまたイノベーションの技術的な側面に着目しており、ある技術に対する投下資源が一定量を超えると急速に性能が向上すること、そして急速な性能向上には限界があることを、Ｓ字を用いて図示しました（図10−2）。こうした**技術のＳ字カーブ**的特徴により、技術Ａの急激な技術進歩によって競争優位を獲得できると同時に、技術Ｂの登場によって急激に競争優位を失う可能性もまたあるのです。

　イノベーションが競争優位と関係するということは、経営戦略を策定するうえでイノベーションが欠かせないものであることを表しています。なお、経営

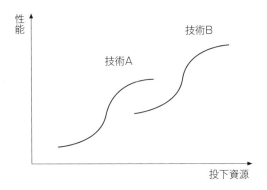

図10-2　技術進歩のS字カーブ

出典：R.N. フォスター（大前研一訳）（1987）『イノベーション』
阪急コミュニケーションズ　p.96を一部改変

戦略としてイノベーションを取り扱うにあたっては、イノベーションの技術的側面から検討されることが多くあります。そのため本章では、イノベーションが技術に限定されないことをもう一度確認したうえで、ここからはイノベーションの技術的な側面である技術的イノベーション（technological innovation）に焦点を当てていきます[3]。

2　イノベーターのジレンマ

1 ── 持続的イノベーションの功罪

　イノベーション研究においてシュンペーターに次いで著名な研究者であるクリステンセン（Christensen, C. M.）がここからの主役です。クリステンセンは、1997年の『イノベーターのジレンマ』[4]にて、イノベーションを戦略的にマネジメントしていくことの重要性と困難性をあざやかに論じました。

★3　本章では紙幅の制限から論じることはできませんが、サービス・イノベーションやビジネスモデル・イノベーションなど、技術に限らないイノベーションが経営戦略にとって欠かせない論点となっていることを指摘しておきます。

　クリステンセンは、イノベーションを分析するにあたって、ここまで説明されてきた「市場」と「技術」の時間的変化に同時に着目しました。それにより、気が付くと競争地位が逆転しているという現象を説明したのです。

　まずは図10-3に基づいて、高い技術力を持つX社がイノベーションによってどのように競争優位を構築するのかについて確認しましょう。X社は、断続的な技術蓄積と製品開発によって、ついに市場のニーズに適合する新製品を生み出すことに成功しました。それがAの交点です。市場に受け入れられなかった製品がようやく売れるようになります。X社はこの新製品の性能をさらに高めてより良いものにしようと開発を継続します。高い技術力を持ったX社は、性能と品質を高めることに成功してBの交点にたどり着きました。これまでになかったような新機能を搭載するなど、性能を高めるのは差別化戦略の王道です。性能に見合った高価格を設定できるようになり収益性も向上していくように思えます。これは部分的には正しいです。しかしながら、気を付けなければならない点は、交点B以上の高級市場は市場規模が相対的に小さいということ

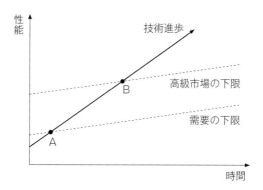

図10-3　X社の持続的イノベーション

出典：C.M. クリステンセン（伊豆原弓訳）（2001）『イノベーション
　　のジレンマ 増補改訂版』翔泳社　p.10を一部改変

★4　日本では『イノベーションのジレンマ』として訳出されることも多くありますが、イノベーションにジレンマが生じるのではなく、イノベーションを起こしてきた主体であるイノベーターにジレンマが生じることから、ここでは『イノベーターのジレンマ』として訳出しています。

です。市場のボリュームゾーンは、交点AからBに至るまでの範囲にあります。

　例えば、私たちが使っているスマートフォンでは、気が付けばProモデルと称される10万円を超えた機種がとても増えています。しかし、私たちはその機能を十分に使えているでしょうか。もしかすると、10万円を超えるような機種を利用する必要はないかもしれません。つまり、交点B以上の技術進歩は、市場の多くのユーザーにとって過剰性能となっている可能性があります。これは点線で示されている市場の需要よりも、実線で示されている技術進歩の方が早いことに起因しています。

　X社が取り組んだのは、既存の製品属性の評価軸上で性能を高める「**持続的イノベーション**」（sustaining innovation）です。X社は持続的イノベーションによって、市場での競争優位を構築することに成功しましたが、その持続的イノベーションによって過剰性能にまで至り始めています。ここに、「ジレンマ」の一端が見えてきました。

② ── 破壊的イノベーションによる競争地位の逆転

　X社の戦略は、同種製品を扱う他社との競争やX社の製品を愛好しているユーザーに適合する形で一定の成功を収めます。ところが、思いもしないところからY社が登場すると状況が変わり始めます。図10−4は、図10−3にY社の直線が加わったものです。X社が交点AからBにかけてボリュームゾーンに向けた製品で市場シェアを高めていたとき、Y社の製品は需要の下限にも到達しないX社にとって「取るに足らない」製品です。したがって、X社がY社を戦略的に無視することに違和感はありません。

　しかしながら、Y社が持続的イノベーションによって製品の性能を向上させた交点Cのタイミングで異変が起こります。X社の高機能製品を購入していたユーザーが、Y社のちょうどよい製品を購入するようになります。Y社はボリュームゾーンに向けたビジネスを展開できる一方で、X社は一部の高級市場に向けたビジネスしか展開できなくなります。X社にとって「取るに足らない」相手であったY社に市場シェアを大きく逆転されるのです。

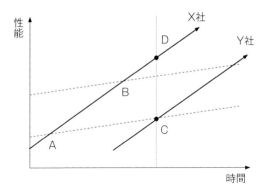

図10－4　Y社による破壊的イノベーション

出典：C.M. クリステンセン（伊豆原弓訳）（2001）『イノベーション
　　　のジレンマ 増補改訂版』翔泳社　p.10を一部改変

　このように、X社とY社とでは顧客層が分かれてしまい、競争地位が逆転し
ています。既存の製品属性の評価軸では一時的に価値を減じてしまうが新たな
価値基準を提供するものを「**破壊的イノベーション**」[5]（disruptive innovation）
と呼びます。

　もう一度、スマートフォンの例で考えてみましょう。ひと昔前であれば、一
眼レフカメラとスマートフォンのカメラはまったく品質の異なるものであり、
一眼レフカメラをスマートフォンのカメラが代替することは考えられませんで
した。まさに一眼レフカメラメーカーにとってスマートフォンのカメラは「取
るに足らない」製品だったのです。それが今では、スマートフォンのカメラで
映画を撮影できるほどに性能が向上しました。

　X社は、自社が想定している市場と競合に対して適切な持続的イノベーショ
ンを積み重ねていった結果として、Y社による破壊的イノベーションに対応す
ることができませんでした。X社の持っていた市場シェアがY社によって破壊

★5　「disruptive innovation」の訳については、近年新しい解釈が登場しています。例えば、網
　　倉久永（2015）「分断的イノベーションによる購買行動変化に関する考察」『組織学会大会
　　論文集』4巻1号, 164-169によると、顧客層が分断される側面を強調して「分断的イノベー
　　ション」と訳出されています。

されたのです。このように、既存の製品属性の評価軸に固執することによって新たな競争次元の台頭に対応できないことを「**イノベーターのジレンマ**」（innovator's dilemma）といいます。

3 両利きのマネジメント

1 ── イノベーターのジレンマを解くためには

　イノベーターのジレンマに陥ることは、それまで好調であった市場での競争力が失われてしまい、持続的企業成長の機会が失われてしまうことにつながります。さらに都合が悪いことにイノベーターのジレンマに陥る企業は、それまでの戦略に基づいた**合理的資源配分**を行っています。つまり、悪い戦略によってイノベーターのジレンマに陥るのではなく、良い戦略の結果としてジレンマに陥ってしまいます。イノベーターになれたのは良い戦略があったからこそです。

　それではイノベーターのジレンマを解くためにはどうすればよいのでしょうか。ここからはタッシュマン（Tushman, M. L.）とオライリー（O'Reilly, C. A.）に登場してもらいます。タッシュマンとオライリーは、彼らの研究成果をイノベーターのジレンマを解くことに応用しました[2]。それが「**両利き**」（ambidexterity）のマネジメントです。両利きとは、文字通り「手」の比喩であり、利き手である一方のみを優先的に用いるのではなく、両手を同等に使用するということです。

　両利きのマネジメントをイノベーターのジレンマに適用させると、既存の事業が順調であるうちに、破壊的イノベーションを起こす可能性のある新しい事業に自社が取り組むことになります。自社が破壊的イノベーションを実現したならば、これまでの市場が縮小したとしても、追加的に新しい市場を獲得することができるため、持続的企業成長につながります。

　「手」の比喩から容易に想像できるように、両利きのマネジメントはとても

難しいものです。自ら破壊的イノベーションを引き起こすことによって、これまでの市場が縮小するという企業内での市場の「共喰い」が生じてしまうからです。ここで必要なのは、個別の製品や事業の範囲で考えるのではなく、企業全体としての戦略性を考えることです。そのためには、第6章の全社戦略や第8章のPPMを思い出すとイメージがしやすいかもしれません。

　有名な両利きのマネジメントの成功事例に、富士フイルムの事例があります[3]。かつての富士フイルムは、その社名にもあるように写真用フィルムにて莫大な収益を得ていました。ところが、富士フイルムは自ら写真用フィルムの需要を減退させるデジタルカメラの開発と販売に成功したのです。もちろん、同時期にオリンパスやカシオもデジタルカメラの開発を進めていたという背景がありますが、それでも競合他社が開発に失敗することを願うのではなく、自ら戦略的に破壊的イノベーションを推し進めました。

2 ── 探索と深化の両立

　両利きのマネジメントは、イノベーターのジレンマを解くためだけの概念ではありません。むしろ、多様な経営環境の変化に適応していくための概念であるといえます。経営環境の変化が激しいときには、それまでに思ってもいなかったようなイノベーションが登場して、既存企業の競争優位を奪い去ってしまうことがあります。

　ここで本章最後の概念を追加します。「**探索**」（exploration）と「**深化**」（exploitation）です。探索は既存の事業領域とは異なる新規事業創造につながるような活動であり、深化は既存の事業領域を深める持続的イノベーションのような活動を指しています。探索と深化とでは、不確実性の観点から深化を優先する傾向にあります。探索の不確実性が高く、深化の不確実性が相対的に低いために、成果を安定的に上げたいという意思決定のもとでは深化を選びます[4]。両利きのマネジメントとは、探索と深化を両立させるマネジメントにほかなりません（図10-5）。

　再び富士フイルムの事例に戻り、両利きのマネジメントの理解を深めていき

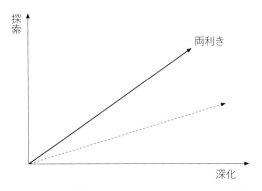

図10－5　両利きのマネジメントのイメージ図

出典：入山章栄（2015）『ビジネススクールでは学べない
世界最先端の経営学』日経BP　p.77を一部改変

ましょう。富士フイルムは、写真用フィルムの収益をデジタルカメラの開発だけではなく、液晶ディスプレイ用フィルムやレーザー内視鏡、化粧品の開発にも配分しました[5]。写真用フィルムで培った技術を応用しながらの新規事業創造です。これは第4章で学習したダイナミック・ケイパビリティとも関連していることが思い出されるでしょう。

　ほかにも、近年、名の知れた大企業が創業間もないスタートアップ企業に投資するニュースを目にすることが増えてきました。これは探索の一環であり、深化に偏りがちな大企業が両利きのマネジメントに挑戦しているのです。このように、イノベーションに向けた戦略的な取り組みは着々と進んでいます。

—— ★まとめ★ ——

　本章では、シュンペーターの新結合から始まるイノベーションについて、経営戦略との関係に基づいて解説しました。イノベーションとは、新規性があれば良いだけではなく、経済的価値を生み出す必要があります。新規性は、新結合の分類から説明されたように、必ずしも発明や科学的な新しさに基づく必要はありません。また、技術的な要因に限定されることもありません。

　そうしたイノベーションによって、競争力に大きな変化が生じることを明らかにしたのがクリステンセンでした。クリステンセンは、合理的な資源配分による持続的イノベーションの結果として生じるイノベーターのジレンマを指摘しました。自社がイノベーションにより競争優位を構築できるということは、他社もまた競争優位を生み出し得るのです。

　イノベーターのジレンマを回避して、持続的な企業成長を実現させるためには両利きのマネジメントが求められます。既存の事業領域で順調に業績を上げつつ、新たな収益の柱となるような新規事業創造にも取り組む必要があります。これが探索と深化のバランスを取る両利きのマネジメントです。

演習問題

①イノベーションとは、（　　　　　　　　　　）を生み出す新結合のことを指している。

②既存の製品属性の評価軸に固執することによって、新たな競争次元の台頭に対応できないことを（　　　　　　　　　　　　）という。

③両利きのマネジメントは（　　　　）と（　　　　）を両立させることをいう。

④破壊的イノベーションが生じた事例を調べてみましょう。

⑤富士フイルムが両利きのマネジメントに成功したのはなぜか、当時の経営環境をよく調べたうえで、成功の理由を考えてみましょう。

Column

経営学とカタカナ用語

　本書をここまで学習してきて気が付いたことだと思いますが、経営学では、いくつかの重要なカタカナ用語があります。

　本章のメインの「イノベーション」もその一つです。このようなカタカナ用語は、主に英語をそのままカタカナ表記して理解しようというものです。日本語として、あるいは漢字として、概念を理解した方がわかりやすいという意見もあります。しかし、わかりやすさを重視することによって誤訳とさえいえるような事態に陥ることがあります。その例が、「イノベーション」を「技術革新」と訳してしまうことです。確かに、「イノベーション」に「技術革新」は含まれていますが、「イノベーション」は「技術革新」だけではありません。つまり、狭い範囲に限定してしまうことで誤解を生む可能性があるのです。

　ほかにも、**「アントレプレナーシップ」**（entrepreneurship）も誤解を生みやすい用語です。しばしば「企業家精神」と訳されますが、「アントレプレナーシップ」は精神性に限定されるような概念ではありません。「企業家活動」あるいは「企業家能力」というように、行動やプロセスの側面を強調した方が「アントレプレナーシップ」を正しく理解できます[6]。

　特に経営学領域では、ビジネスの現場から専門用語が生み出されたり、普及したりすることもあります。新しいカタカナ用語に出会ったときには、ぜひ英英辞典を引いてみてください。そこで説明されている内容と、和訳された用語に齟齬があるかもしれません。そうすることにより、経営学の学習だけでなく、英語の学習も同時に進むことになります。一石二鳥です。

　ただし、同時に注意をしてほしいことは適切な和訳があるのであれば、無理にカタカナ用語を使うべきではないということです。たくさんのカタカナ用語をちりばめることにより、何だかかっこよく思えたり頭がよく思われたりするような気がします。しかしながら、それはコミュニケーション相手の負荷が高まるばかりであり、有効な戦術ではありません。一つひとつの専門用語に対する理解を深めて、上手にカタカナ用語を運用してみましょう。

第 **11** 章
資金調達

ある日の午前

A：最近、日経平均株価が上がってきていますね。僕のバイトの時給も少し上がったし、何だか景気の良さを感じます。でも、今朝のネットニュースの記事で見たんですが、こんな時期でも倒産する企業があるみたいです。

T：景気が良くても悪くても、倒産する企業はあるものだよ。A君もそろそろ就職活動を意識し始めるころだから、どんな企業に就職したら大丈夫なのか、特に心配になるよね。

A：ネットニュースの記事で見た企業は、倒産したときの負債総額が5億円だそうです！

T：企業の経営には大きなお金が伴うから、失敗したときの額も大きくなることがあるんだよ。

A：でも、どうして借金してまで経営するんでしょうか。経営は自分の会社の資金の範囲内だけでやるものではないんですか？ 僕なんか、「返せる当てのない借金は絶対にするな」と父からいつも厳しく言われているんですよ。

T：そうだね。その辺りの事情を理解するには、企業の資金調達の方法や考え方を学んで、個人が借金をすることと企業が借金をすることの違いを含めて理解する必要があるんだ。

A：え？ 個人と企業とで、借金の意味が違うんですか！？

T：そうだよ！ それでは、資金調達の方法から説明していこうか。実は、資金調達の方法も企業の経営戦略と深く結びついているんだ。

Q

企業の資金調達にはどのような方法があり、
どのように異なるのでしょうか？

```
●キーワード
□ 間接金融
□ 直接金融
□ 社債
□ 資本コスト
□ クラウドファンディング
```

1 資金調達の重要性

1 — 資金調達とは

　どんなに綿密な経営戦略を描いても、それを実行できなければ「絵に描いた餅」です。企業が経営戦略を実行し、事業活動を行うためには、さまざまなモノが必要です。材料が足りなければ購入し、生産設備がなければ導入し、従業員が必要なら雇用をします。それでは、目の前にチャンスがあるのに、それに挑戦するためのお金がないときはどうでしょうか。その場合、経営者はお金を集める必要があります[1]。

　企業が事業活動を行うために用いるお金のことを、資金あるいは資本と呼び、その資金を集めることを**資金調達**といいます。とてもお金持ちの企業であれば、自社の持つ資金だけで経営を行うことができますが、新規の事業を立ち上げる際などは特に多額の資金が必要です。そのようなときは、資金を供給してくれる組織や個人を外部に探すことになります。

　お金に余裕のあるところから、必要としているところに、お金を供給することを「金融」といいます。企業の資金調達について、まず資金の供給者と需要者との間における金融方式、つまりお金の流れの違いという視点で整理をしてみます。

---

[1]　現実には、公企業と私企業、公開会社と非公開会社など、企業の形態によって資金調達の選択肢は異なります。本章では基本的に株式会社を想定した資金調達について説明しています。

2 ── 内部金融と外部金融

　十分な資金がある場合、企業が自分で保有しているお金（自己資金）を使って事業を行うことができます。これを**内部金融**と呼び、資金の供給源となるのは、それまでの利益の一部をためておいたお金である**内部留保**などが該当します。この場合は、企業は自分が保有するお金を使うわけですので、もちろん返済する必要もありません。

　一方、企業が外部の組織や個人から資金調達をすることを**外部金融**と呼びます。銀行や一般の投資家など、企業の外部にはさまざまな資金供給者が存在します。そのような資金供給者から資金の供給を受ける方法は複数あり、企業にはさまざまな選択肢があるといえます。外部金融には、間接金融と直接金融の2つの金融方式があります。以下、図11−1に基づいて、これらの金融方式について見ていきます。

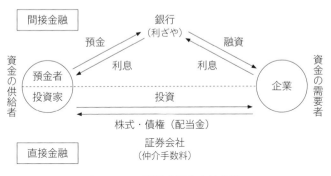

図11−1　間接金融と直接金融

3 ── 間接金融

　資金の需要者（ここでは、企業）が、銀行など金融機関から資金を調達する金融方式を、**間接金融**と呼びます。例えば銀行は、銀行口座を通して預金者から預かったお金を持っています。この預金の一部は、企業に**融資**という形で貸し出され、企業から利息を受け取ります。一方で銀行は、預金者には預金利息

を支払いますので、企業が銀行に支払った利息と、銀行が預金者に支払った利息の差額が「利ざや」として銀行の利益になります。

この方式でのお金の流れは、資金の供給者から金融機関を間に挟んで資金の需要者に渡る流れとなります。間接金融は、預金者から預かったお金を、銀行の判断で企業へ貸し出すのですから、銀行が重要な役割を果たす金融方式ということができます。具体的な資金供給の方法などは次節で見ていきましょう。

4 ── 直接金融

資金の需要者が、銀行などの金融機関を介さずに資金の供給者から直接に資金を調達する金融方式のことを、**直接金融**と呼びます。通常は、企業が株式や債券（**社債**）を発行し、企業にお金を供給してもよいと考える組織や個人がそれらを通して資金供給を行います。

この方式では、金融機関などを間に挟まずに、資金の供給者から需要者にお金が渡る流れとなります。直接金融において、企業の発行する株式や社債を流通させる役割を果たすのは証券会社です。証券会社は、株式や社債の流通に際して仲介手数料を取るといった方法で利益を得ています。したがって、直接金融は、証券会社が重要な役割を果たす金融方式であると理解することができます。間接金融と同様に、具体的な方法などは次節で見ていくことにします。

2 さまざまな資金調達の方法

1 ── 借入（デット）あるいは株式（エクイティ）による資金調達

❶ 資金調達の方法と貸借対照表

企業の資金調達の具体的な方法は、貸借対照表（B/S：Balance Sheet）の構造にしたがって財務的な側面から整理していくのが一般的です。図11-2の通り、B/Sの構造は貸方（右側）に「どのような手段で資金調達をしたのか」、

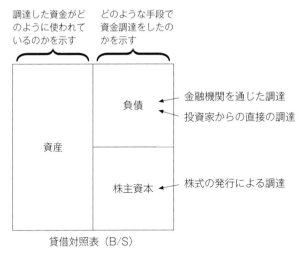

調達した資金がど
のように使われて
いるのかを示す

どのような手段で
資金調達をしたの
かを示す

負債 ← 金融機関を通じた調達
← 投資家からの直接の調達

資産

株主資本 ← 株式の発行による調達

貸借対照表（B/S）

図11－2　資金調達の方法と貸借対照表

借方（左側）に「調達した資金がどのように使われているのか」がまとめられています。さらに、貸方の上部が「負債の部」、つまり負債によって調達された資金の額がまとめられ、貸方の下部の「純資産の部」には株式の発行によって調達された資金の額がまとめられています（財務に関しては、第12章で詳しく学びます）。

　ここで、「負債」の部分に該当する資金調達方法を**デットファイナンス**（debt finance：debtは「負債」の意味）、「株主資本」に該当する調達方法を**エクイティファイナンス**（equity finance：equityは「株主資本」の意味）といいます。以下で見ていくように、この2つの資金調達方法の違いは、企業にとってそれぞれ異なる意義があります。そのため、どちらの方法を重視するのかを企業は検討しなければなりません。「負債」と「株主資本」のそれぞれの額が総資産に占める割合のことを**資本構成**といい、企業の資金調達の状況を把握するためのとても重要な情報となります。

❷ 借入による資金調達

　B/Sの「負債」に該当する、つまり借入による資金調達には、融資による資

金調達と社債による資金調達が含まれます。

　融資は、金融機関から一定の金額を借り入れる方法だけでなく、クレジットラインという、与信★2限度額を設けて借り入れ、返済した分を再び借りられる方法もあります。また、金融機関1社から融資を受ける方法だけでなく、複数の金融機関が協調して融資を行う**シンジケートローン**といった方法も一般的な融資方法です。

　社債は、広く一般から資金調達を行う公募債のほか、特定の機関投資家などに限定して発行される私募債という形もあります。

　融資や社債による資金調達の場合は、企業は金融機関あるいは個人などから借金をする形で資金調達をするわけですから、返済期日が来たら利息を付けて返済する義務が生じます。貸し倒れを防ぐため、融資の審査なども相応に厳しいものとなります。

　一般的に、銀行から借入を行うには過去の実績と現在の財務状態、担保の有無といった要素が重要となります。創業して間もない企業は銀行から簡単には融資を受けられないといわれるのは、このためです。また、中小企業などは、経営者が企業の債務の個人保証をするといった方法（いわゆる「経営者保証」）で融資を受けている場合もあります。

❸ 株式による資金調達

　株式会社形態の企業であれば、株式を発行することも資金調達の方法の一つです。B/Sでは株主資本の部分に影響します。上場していない企業でも株式の発行による資金調達は可能ですが、一般的には上場企業の方が多くの投資家から資金を調達することができるといえます。

　新しく発行される株式は、現在の株主に株式の割り当てを受ける権利を付与する方法（株主割当増資）のほか、株主以外の特定の第三者に付与する方法（第三者割当増資）、不特定の人に対して引き受けの勧誘を行う方法（公募増資）といった方法があります。

★2　取引相手となる企業の返済能力を見積もり、どれくらいの金額まで融資をしてもよいのかを決めることをいいます。

　借入による資金調達と異なり、株式による資金調達は企業側に返済の義務も生じませんし、利息も発生しません。純利益の中から株主に配当金を支払うことになりますが、これも株主総会の決議によって支払わないという選択もできます。しかし、株主は企業の所有者です。むやみに株式を発行してしまうと株式の買い占めにより経営が特定の人々に支配されてしまったり、企業ごと買収されてしまったりというリスクも出てくることになります。

　なお、借入による資金調達や株式による資金調達のいずれの方法でも、利息や配当金の支払いなど、調達や維持のために何らかのコストがかかります。このようなコストを総称して**資本コスト**といいます。

2 —— 銀行以外の金融機関と新しい資金調達の方法

　資金調達の方法には、特定の状況において利用されるものもあります。ここでは、ベンチャーキャピタル、クラウドファンディング、ソーシャルレンディングという方法を取り上げます。

❶ ベンチャーキャピタル

　設立から日が浅く、かつ成長性の高いベンチャー企業であれば、そのような企業に特に着目して資金供給をしている組織があります。

　ベンチャーキャピタルと呼ばれる組織は、将来の成長が期待できる企業に積極的に資金を供給してくれる存在です。一般的にベンチャーキャピタルは、企業への資金供給だけでなく、経営のノウハウの提供も併せて行うことが多く、その企業が成長した際には株式の売却益などで大きな利益を得ることをねらっています。

❷ クラウドファンディングとソーシャルレンディング

　フィンテック（FinTech）という、金融とテクノロジーの融合による金融サービスの発展などにより、近年では企業の資金調達方法のバリエーションも増えてきています。

　クラウドファンディングは、主にインターネットのWebサイトを通した資金需要者と供給者をつなぐプラットフォームを利用して資金調達を行う方法です。クラウドファンディングのWebサイトにて、資金需要者は趣旨と必要な資金の額を提示し、それに賛同する組織や個人に小口の資金供給を呼び掛ける方法が一般的です。内田彬浩・林高樹の研究[1]によれば、従来の資金調達方法とは異なる原理で資金を獲得できる可能性があることが示されており、今後の発展が期待できる方法といえます。2023年現在の日本でサービスを行っているクラウドファンディングは、「CAMPFIRE」「Makuake」「Readyfor」が代表的です（資金調達の具体例については本章コラムを参照）。

　また、クラウドファンディングと同じような仕組みで企業にとって資金調達方法となり得るものとして、「**ソーシャルレンディング**」あるいは「ピアツーピア（P２P）融資」の存在も見逃せません。ソーシャルレンディングも、Webサイトを通して資金需要者と供給者をつなぐ貸付・融資型クラウドファンディングのプラットフォームといえ、海外ではZopa（英国）のような成功例があります。日本でも、いくつかの企業が存在感を増してきている状況です。

3　経営戦略と資金調達

　企業は、調達した資金を使って事業を行います。経営戦略が適切であれば、調達した額以上にお金を増やすことができ、債務を返済し、配当金を支払い、残ったお金でさらに事業を拡大させていくことができます。ここでは資金調達と経営戦略との関連性について、２つの側面から検討してみましょう。

1 ── 資金供給者と経営戦略

　資金供給者の性質により、経営戦略の内容が制限される可能性があります。企業の外部から資金調達ができるということは、資金の供給を引き受けてくれる外部の企業なり組織があることを意味します。当然、資金の供給者は、債権

者や株主などという立場で企業の経営に何らかの影響を持つことになり、そのことは同時に、資金の供給を受けた企業が好きなように経営戦略を展開できるわけではなくなるということも意味しています。

　例えば、融資や社債といった方法で企業が資金調達を行うとき、融資を行った銀行、社債を購入した組織や個人が重視することは、貸したお金を企業が利息を付けてきちんと返済してくれるかどうかということです。借金の場合は、返済期日と利息が決まっていますので、資金を供給する側としては、約束通りの返済をしてもらうことが何よりも重要なのです。たとえ返済日までに企業が大きく成長しても返済額や受け取る利息が増えるわけではありませんので、資金供給者として、企業の安定を求める性質があるということができます。

　これに対し、株式を通した資金供給者の感覚はどうでしょうか。株主が利益を得られるのは、企業が利益を上げ、税金などをすべて支払った後に残った「当期純利益」から得られる配当です。また、企業の成長への期待が高まり、株価が上昇したときは、株式の売却益が得られるでしょう。したがって、企業の経営が安定しているよりも成長してくれなければ株主にとっての利益につながりにくいのです。そのため、株式を通した資金供給者は、安定よりも企業の成長を求めてくると想定できます。

　このような事情があり、一般的には資金の貸し手は企業に長期的な安定を求める一方で、株主は短期的な成長への関心を持って資金を供給するといわれています。特に株主は、基本的には短期的な企業価値の向上を求める傾向が強いため、長期的視野に立った経営戦略を実行するときは、借入による資金調達を重視した方が適切であると考えることもできます。

　資金調達を、経営戦略を実行する手段と捉えた場合、資金供給者の好まない経営戦略は実行しにくいということができ、経営戦略の性質によって資金調達方法を適切に組み合わせていくという発想が求められるといえます。

2 ── 経営戦略の一部としての資金調達

　資金調達は、企業の経営戦略の一部を構成するという見方もできます。

　全社戦略においては、企業全体の事業構成のあるべき姿が大きな関心です。将来の事業構成を見据えてM&Aを行うときにも、これまで見てきた一般的な資金調達方法を利用できますが、この場合、自社の将来像とは関連性の低い既存事業を売却して資金調達するという方法も、全社戦略上で重要な選択肢として加わります。同様に、多角化が進んだ企業においては、成長の見込みのある事業の資金調達を、自社の別の事業から得られた利益によって行うという選択肢もあり、企業内部における戦略的な資源配分の問題として捉えることもできるのです。

　事業戦略との関連を見ていくと、第3章で学んだように、経営戦略の一つに「コスト・リーダーシップ戦略」があります。企業が資金調達の際に求められる資本コストも、生産コストと同様にコスト・リーダーシップ戦略を実現するための要素の一つと捉えることもできます。もちろん、低いコストで資金調達できる企業の方が、コスト・リーダーシップ戦略を実行しやすいといえます。

　また、第4章で学んだように、企業が持続的競争優位を獲得する背後には、企業の優れた能力があります。例えば金融機関との深い関係から、他社には模倣できないくらい有利な条件で資金調達が可能であるとか、新しい資金調達方法の利用について、他社に先駆けたノウハウを持っている企業は、それ自体が競争優位性の源泉となる可能性もあるのです。

　このようにして見ると、資金調達は、経営戦略を実行するための元手を得るという意味があるだけでなく、経営戦略の一部を構成する要素と捉えることもできます。

─── ★まとめ★ ───

　本章では経営戦略と資金調達との関係を見てきました。企業が利用できる資金調達の方法はさまざまあり、それぞれが異なる性質を持っています。企業は自社の状況と経営戦略の観点から、利用可能な方法のうちどのような手段によって資金調達をするのかを考えていく必要があります。

　企業には、チャンスを発見したら、さまざまな資金調達の方法を駆使して成長の機会をつかみとる行動が必要です。本章で学んだように、資金調達には資本コストが伴います。だからといって借金をしないことは企業経営においては必ずしも適切な選択とはいえません。企業の借金は、経営戦略を実行し、借り入れた以上のお金に増やすために行うものといえ、消費を主な目的とする個人の借金とは目的が異なるのです。

　企業経営の中心には常にお金の問題が存在します。経営戦略と資金調達の関係を理解することは、企業経営を行ううえで非常に重要なことであるのです。

演習問題

①企業が、株式や社債の発行を通して資金供給者から資金の供給を受ける金融方式を（　　　　　　）という。

②企業の資金調達に伴うコストを総称して（　　　　）コストという。

③株主から出資されたお金の総額は、貸借対照表（B/S）の「（　　　　　　）の部」から把握できる。

④クラウドファンディングサービスを行っている企業のWebサイトから、企業が新商品を試験的に展開しようとしている例を探してみましょう。

⑤いくつかの企業の貸借対照表から、総資産に占める負債の割合と、総資産に占める株主資本の割合をそれぞれ計算してみましょう。

Column

クラウドファンディングの戦略的活用―夢のデバイスを世に送り出す―

　近年発達してきている資金調達の方法の一つに「クラウドファンディング」があります。クラウドファンディングの方式には、購入型（Reward-based：出資に対して商品やサービスなどの非金銭的な見返りがある）、寄付型（Donation-based：見返りを期待せず出資する）、貸付型（Lending-based：出資した額が後日返済される）という方式を主流とし、そのほかにエクイティ型（Equity-based）やロイヤリティ型（Royalty-based）といった方式も見られるといわれます。

　クラウドファンディングは、大企業が巨額の資金調達を行う方法となるまでには至っていませんが、例えば新製品を開発する際に試験的なマーケティング活動を含めた資金調達の方法として活用されるケースは多くなってきています。

　液晶ディスプレイメーカーであるジャパンディスプレイは、革新的な製品の開発と試験的な販売に際してクラウドファンディングを活用しています。具体的には、2021年に同社が新開発した「Rælclear™」（レルクリア）のクラウドファンディングをMakuakeにおいて実行しました。「透明ディスプレイ」（一般的な液晶とは異なり、液晶ディスプレイの向こう側が透けて見える）という斬新な製品であるためか、約2か月の公開期間で50名から合計650万円もの「応援購入」が得られ、クラウドファンディングは成功しました。この成功を受け、さらなる改良と量産化に向けた準備が進められています。

　この例は、一般販売に先立ってクラウドファンディングで試験的に販売活動を行い、開発資金を得ながら製品を完成させ、成功への足がかりをつくるという戦略といえます。製品は実際に売ってみるまで本当に売れるかどうかわかりません。特に、類似の製品がないような新ジャンルのものであれば、なおさらです。そのため、実験的な製品は企業の内部でなかなか開発予算が得られないものです。そのような場合には、クラウドファンディングは特に有効な手段といえるのではないでしょうか。

第12章
財務分析

A君が大学の授業中に与えられた課題を終えた、ある日の午後

A：大学の授業の課題で「トヨタ自動車の経営戦略とそこから推測できる経営課題について考えてきなさいと」と言われたので、トヨタ自動車の決算の資料を見ました。

T：A君は予習をしっかりして、すばらしいね。具体的にどんなことが公表されていたかな？

A：2022年3月期の資料を見たのですが、営業収益が約31兆円、営業利益は約3兆円と示されていました。すごい金額ですよね。

T：確かにすごい金額だね。ほかにはどんなことが公表されていたかな？

A：資産合計税引前利益率や営業収益営業利益率、キャッシュ・フローといったものが公表されていました。でもその内容を理解できませんでしたし、そこからどのように経営課題を推測すればよいのかもわかりません。

T：なるほど。トヨタ自動車のような大企業だけでなく、中小企業においても決算資料はあるんだけど、内容が分からないとただの数字にしか見えないよね。でも、それらの数値には一つひとつ意味があって、それを分析することで、その企業の経営課題を把握できたり、取るべき戦略が見えてくるんだよ。

Q 「財務分析」では一体何を学ぶのでしょうか？

```
●キーワード
□ ROE
□ ROA
□ 流動比率
□ 自己資本比率
□ 付加価値
□ 労働生産性
```

1 財務分析とは

1 ── 財務3表とは

　上場会社は、金融商品取引法に基づいて財務諸表を作成する際、「財務諸表等の用語、様式及び作成方法に関する規則」（以下「財務諸表等規則」）に従って、財務諸表を作成しなければなりません。その財務諸表等規則第1条には財務諸表として、貸借対照表、損益計算書、株主資本等変動計算書、キャッシュ・フロー計算書の4つが挙げられています。その中でも、企業価値評価という観点から重要とされるのは、**貸借対照表、損益計算書、キャッシュ・フロー計算書**の3つです。これらを**財務3表**と呼びます[1]。財務3表は、投資家などの利害関係者が、企業価値を測定、把握するために用いられます。

　ここでいう企業価値とは、「企業が生産・販売・サービスなどの経済活動を営むことにより、どのくらい社会に対して役立っているかを貨幣金額に換算した数値」、すなわち「その企業が将来にわたって生み出す利益の合計額（あるいは現在価値）」と定義されます[2]。ここで、企業価値を測定するための財務3表を、1つずつ確認してみましょう。

❶ 貸借対照表

　貸借対照表（Balance Sheet：B/S）は、企業の「財政状態」を表しています。具体的には、一定時点（通常は会計期間末）の資産と負債を記載して、資産と

負債の差額である純資産を計算しています[3]。この計算方法は「純資産等式」と呼ばれ、次の（1）式で表されます。

$$資産 － 負債 ＝ 純資産　　　　（1）$$

そして、（1）式の左辺にある負債を右辺へ移項したものが「貸借対照表等式」と呼ばれ、次の（2）式を表現したものが貸借対照表です。

$$資産 ＝ 負債 ＋ 純資産　　　　（2）$$

貸借対照表の記載方法として、表12-1のように作成しなければならないと規定[1]されています。また、財務分析がしやすいように、流動性配列法で作成することが求められています[2]。流動性配列法は、流動資産（1年以内に現金化が可能）や流動負債（1年以内に返済期限が到来）を配列した後、固定資産や固定負債を記載する方式をいいます。

表12-1　貸借対照表の例

		（○年○月○日）		
		資産の部		
I	流動資産			＊＊＊
II	固定資産			
	1　有形固定資産		＊＊＊	
	2　無形固定資産		＊＊＊	
	3　投資その他の資産		＊＊＊	＊＊＊
III	繰延資産			＊＊＊
	資産合計			＊＊＊
		負債の部		
I	流動負債			＊＊＊
V	固定負債			＊＊＊
	負債合計			＊＊＊
		純資産の部		
I	株主資本			＊＊＊
II	評価・換算差額等			＊＊＊
III	新株予約権			＊＊＊
	純資産合計			＊＊＊
	負債・純資産合計			＊＊＊

出典：齋藤真哉（2020）『現代の会計』放送大学教育振興会　p.82を参考に筆者作成

★1　財務諸表等規則第11条～第13条で規定されています。
★2　財務諸表等規則第13条に示されています。

❷ 損益計算書

　損益計算書（Profit and Loss Statement：P/L）は、企業の「経営成績」を表しています。具体的には、一会計期間中の全収益と全費用を比較し、収益と費用の差額である損益（利益または損失）を計算しています[4]。この計算方法は「損益法」と呼ばれ、次の（3）式で表されます。

利益（または損失）＝収益－費用　　　（3）

　そして、（3）式の右辺にある費用を左辺に移項したものが「損益計算書等式」と呼ばれ、次の（4）式で表されます。

費用＋利益＝収益（または費用＝収益＋損失）　　　（4）

　この（4）式を表現したものが損益計算書であり、財務分析がしやすいように、営業利益を算出する営業損益計算、経常利益を算出する経常損益計算、当期純利益を算出する純損益計算の3つに区分されています。その記載方法として、表12-2のように作成しなければならないと規定[★3]されています。

表12-2　損益計算書の例

（自○年○月○日　至○年○月○日）

【営業損益計算】		
Ⅰ　売上高		＊＊＊
Ⅱ　売上原価		＊＊＊
売上総利益		＊＊＊
Ⅲ　販売費及び一般管理費		＊＊＊
営業利益		＊＊＊
【経常損益計算】		
Ⅳ　営業外収益		＊＊＊
Ⅴ　営業外費用		＊＊＊
経常利益		＊＊＊
【純損益計算】		
Ⅵ　特別利益		＊＊＊
Ⅶ　特別損失		＊＊＊
税引前当期純利益		＊＊＊
法人税、住民税及び事業税	＊＊＊	
法人税等調整額	＊＊＊	＊＊＊
当期純利益		＊＊＊

出典：表12-1に同じ　p.82を参考に筆者作成

❸キャッシュ・フロー計算書

キャッシュ・フロー計算書（Cash Flow Statement：C/F）は、企業の「キャッ

表12−3　キャッシュ・フロー計算書（間接法）の例

（自○年○月○日　至○年○月○日）	
Ⅰ　営業活動によるキャッシュ・フロー	
税引前（税金等調整前）当期純利益	＊＊＊
減価償却費	＊＊＊
貸倒引当金の増加額	＊＊＊
受取利息及び受取配当金	＊＊＊
支払利息	＊＊＊
有形固定資産売却益	＊＊＊
売上債権の増加額	＊＊＊
たな卸資産の減少額	＊＊＊
仕入債務の減額	＊＊＊
………	
小計	＊＊＊
利息及び配当金の受取額	＊＊＊
利息の支払額	＊＊＊
損害賠償金の支払額	＊＊＊
………	
法人税等の支払額	＊＊＊
営業活動によるキャッシュ・フロー	＊＊＊
Ⅱ　投資活動によるキャッシュ・フロー	
有価証券の取得による支出	＊＊＊
有価証券の売却による収入	＊＊＊
有形固定資産の取得による支出	＊＊＊
有形固定資産の売却による収入	＊＊＊
貸付による支出	＊＊＊
貸付金の回収による収入	＊＊＊
………	
投資活動によるキャッシュ・フロー	＊＊＊
Ⅲ　財務活動によるキャッシュ・フロー	
借入れによる収入	＊＊＊
借入金の返済による支出	＊＊＊
社債の発行による収入	＊＊＊
社債の償還による支出	＊＊＊
株式の発行による収入	＊＊＊
自己株式の取得による支出	＊＊＊
親会社による配当金の支払額	＊＊＊
非支配（少数）株主への配当金の支払額	＊＊＊
………	
財務活動によるキャッシュ・フロー	＊＊＊
Ⅳ　現金及び現金同等物にかかる換算差額	＊＊＊
Ⅴ　現金及び現金同等物の増加額	＊＊＊
Ⅵ　現金及び現金同等物期首残高	＊＊＊
Ⅶ　現金及び現金同等物期末残高	＊＊＊

出典：表12−1に同じ　p.87を参考に筆者作成

シュ・フローの状況」を表しています。キャッシュ・フロー計算書は、表12-3のように作成しなければならないと規定[4]されています。

　具体的には、営業活動によるキャッシュ・フロー（CFO）、投資活動によるキャッシュ・フロー（CFI）、財務活動によるキャッシュ・フロー（CFF）の3つのキャッシュ・フローの推移と経営成績の関係からどのようにして「戦略的な投資」を実施するかを考えなければなりません[5]。例えば、ライバル企業において、CFOがプラス、CFIがマイナスであれば、獲得したキャッシュ・フローを積極的に設備投資やM&Aに配分して、さらなる成長を遂げようとしていると読み解き、外部環境の変化に対応しなければなりません。

2 ── 財務分析の重要性

　財務分析は、経営状況の把握や経営課題の抽出を可能にするため、投資家はもちろんのこと、企業の意思決定や経営戦略策定においても重要なものといえます。

　財務分析には「収益性」「安全性」「生産性」「成長性」「効率性」などの指標があり、本章では次節以降で「収益性」「安全性」「生産性」の3つの指標について述べ、具体的な財務分析の手法について、いくつかを紹介します。

2 収益性分析

　営利組織である企業において重要な点は、「企業としてどれだけ収益を上げる力を持っているのか」です。これらを判断する指標として、「収益性分析」が挙げられます。

★3　財務諸表等規則第69条および第70条で規定されています。
★4　財務諸表等規則第110条で規定されています。

1 ── 自己資本利益率（ROE）

　自己資本利益率（Return on Equity：ROE）は、株主の視点から見た収益性の指標です。ROEは、株主が出資した資金を用いて、どれほど利益を獲得したかを表しており、数値が高くなれば収益性が上昇、すなわち企業価値を上昇させたとして資金調達の面で有利になります。この指標は分母に株主の持分である自己資本を用います。自己資本は貸借対照表（表12−1を参照）の純資産の部の「Ⅰ　株主資本」と「Ⅱ　評価・換算差額等」に計上される「その他の包括利益累計額」の合計額を用います。それに対して、分子は最終的に株主に帰属する利益である税引後の当期純利益を用います。ROEは、財務データから簡単に計算できる点が長所であり、次の（5）式で表されます[6]。

$$ROE = \frac{当期純利益}{自己資本} \times 100（\%） \qquad （5）$$

　ここで、トヨタ自動車（以下「トヨタ」）のROEを見てみましょう[★5]。2022年3月期のトヨタの当期純利益は2,850,110百万円、自己資本は24,825,258百万円[★6]です。これを（5）式にあてはめると次のようになります。なお、トヨタはROEを「親会社所有者帰属持分当期利益率」として表しています。

$$11.5\% = \frac{2,850,110百万円}{24,825,258百万円} \times 100（\%） \qquad （5）'$$

　2021年度のトヨタのROEが10.2%であることから、ROEは改善されたといえます。なお、財務総合政策研究所によれば、2021年度のROE（全産業・全規模）は7.9%、そのうち製造業は10.2%（全規模）となっていることから、

★5　本章では、トヨタ自動車の2022年3月期決算短信〔IFRS〕（連結）https://global.toyota/pages/global_toyota/ir/financial-results/2022_4q_summary_jp.pdf.を事例に使用していきます。2015年4月以降に開始した連結事業年度より、従来の「当期純利益」は「親会社所有者に帰属する当期利益」と名称が変更され、ROEは「親会社所有者帰属持分当期利益率」として表されています。

★6　期中平均。（前期末23,404,547百万円＋当期末26,245,969百万円）÷2で算出。

2021年度のトヨタのROEは製造業（全規模）と同程度だったといえます[7]。以後の指標も「比較可能性」の観点から分析する必要があります★7 [8]。

　ROEは、①当期純利益を債権者（負債の部）と株主（純資産の部）から拠出された資金の運用形態を示す総資産で割った「総資産利益率」（ROA）と、②総資産を自己資本で割った「財務レバレッジ」（Financial Leverage：FL）の2つの財務比率に分解することができます。ROEを2つに分解すると、次の（6）式で表されます[9]。

$$\text{ROE} = \frac{\text{当期純利益}}{\text{総資産}} \times \frac{\text{総資産}}{\text{自己資本}} \times 100 \ (\%) \qquad (6)$$

　ROEを高くするためには、①ROAを高くする、②FL（企業の負債依存度）を高くする、③両者を高くする、のいずれかになります。

　また、ROEは当期純利益を売上高で割った「売上高当期純利益率」（ROS）と、売上高を総資産で割った「総資産回転率」（TATR）と、総資産を自己資本で割ったFLの3つの財務比率に分解することもできます。ROEを3つに分解すると、次の（7）式で表されます[10]。

$$\text{ROE} = \frac{\text{当期純利益}}{\text{売上高}} \times \frac{\text{売上高}}{\text{総資産}} \times \frac{\text{総資産}}{\text{自己資本}} \times 100(\%) \qquad (7)$$

2 ── 総資産利益率（ROA）

　総資産利益率（Return on Asset：ROA）は、企業の総合的な収益性を測定する代表的な指標です。ROAは、企業が所有するすべての資産を用いてどれほど利益を効率よく獲得したかを表しており、数値が高くなれば収益性、または効率性が上昇したとして、企業の動向を把握することができます。この指標は分母に総資産を用います。それに対し、分子にはさまざまな利益が用いられ、

─────────────────

★7　比較可能性は、「同一企業の会計情報を時系列で比較する場合、または、同一時点の会計情報を企業間で比較する場合」を挙げています。

どの利益を使用するかでいくつかのタイプに分かれます。ROAは次の（8）式で表されます。

$$ROA = \frac{当期純利益}{総資産} \times 100（\%）\qquad（8）$$

ここで、ROEを分解したように、ROAについても2つに分解すると、次の（9）式で表されます[11]。

$$ROA = \frac{当期純利益}{売上高} \times \frac{売上高}{総資産} \times 100（\%）\qquad（9）$$

ここで、ROEと同様に、トヨタのROAを見てみましょう。2022年3月期の税引前の当期純利益は3,990,532百万円、総資産は64,977,956百万円[★8]です。これを（9）式にあてはめると次のようになります。なお、トヨタはROAを「資産合計税引前利益率」として表しています。

$$6.1\% = \frac{3,990,532百万円}{64,977,956百万円} \times 100（\%）\qquad（9）'$$

2021年度のトヨタのROAが5.0%であることからROAは改善されたといえます。

3 ── 売上高利益率（ROS）

売上高利益率（Return on Sales：ROS）は、企業の収益性を測定する基本的な指標です。ROSは、売上高に対する利益の割合を表しており、数値が高くなれば収益性が上昇したとして、経営成績の改善を把握することができます。また、その推移を把握することにより、自社の現状だけでなく、業界の動向や業界内でのポジショニングなども把握することができます。この指標は、分母

★8　期中平均。（前期末62,267,140百万円＋当期末67,688,771百万円）÷2で算出。

に売上高を用います。それに対し、分子は、売上総利益、営業利益、経常利益、当期純利益が適宜用いられ、どの利益を使用するかで、売上高総利益率、売上高営業利益率、売上高経常利益率、売上高当期純利益率に分かれます。売上高営業利益率は、次の（10）式で表されます。

$$\text{売上高営業利益率} \frac{\text{営業利益}}{\text{売上高}} \times 100 \ (\%) \tag{10}$$

　ここで、トヨタのROS（売上高営業利益率）を見てみましょう。2022年3月期の営業利益は2,995,697百万円、売上高は31,379,507百万円です。これを（10）式にあてはめると次のようになります。なお、トヨタはROSを「営業収益営業利益率」として表しています。

$$9.5\% = \frac{2,995,697\text{百万円}}{31,379,507\text{百万円}} \times 100 \ (\%) \tag{10}'$$

4 ── 総資産回転率（TATR）

　総資産回転率（Total Assets Turnover Ratio：TATR）は、資産活用の効率性の総合的な指標です。TATRは、売上高に対する総資産の活用度を表しており、数値が高くなれば回転率が上昇したとして、企業が所有する資産を効率的に用いていると把握することができます。この指標では、分母に総資産を用います（期首と期末の平均値）。それに対して分子には売上高を用います。TATRは次の（11）式で表されます[12]。

$$\text{総資産回転率} = \frac{\text{売上高}}{\text{総資産}} \times \ (\text{回}) \tag{11}$$

　ここで、トヨタのTATRを見てみましょう。2022年3月期の売上高は31,379,507百万円、総資産は64,977,956百万円です。これを（11）式にあてはめると次のようになります。

$$0.5回 = \frac{31,379,507百万円}{64,977,956百万円} \times （回） \qquad (11)'$$

3　安全性分析

　営利組織である企業の最大のリスクは「倒産リスク」です。よって、財務構造や資金繰りが健全であるか、どの程度、資金面などの余裕があるかが重要となります。これらを判断する指標として、「安全性分析」が挙げられます。

1 ── 流動比率（CR）

　企業の支払能力は「短期支払能力」と「長期支払能力」とに分類することができます。短期支払能力を表す「流動性」(liquidity) の代表的な比率として、「流動比率」(Current Ratio：CR) があります。CRは、流動負債に対する流動資産の割合を表しており、数値が高くなれば短期支払能力が上昇したとして、安全性が上昇したと判断されます[9]。流動比率は次の（12）式で表されます[13]。

$$流動比率 = \frac{流動資産}{流動負債} \times 100 （\%） \qquad (12)$$

　ここで、トヨタのCRを見てみましょう。2022年3月期の流動資産は23,722,290百万円、流動負債は21,842,161百万円です。これを（12）式にあてはめると次のようになります。

---

[9]　短期支払能力にはCRのほかに当座比率（Quick Ratio: QR）があります。分子を流動資産ではなく、当座資産（現金預金、受取手形、売掛金、有価証券）にすることによって、安全性の高低について分析します。

$$108.6\% = \frac{23,722,290百万円}{21,842,161百万円} \times 100（\%）\qquad (12)'$$

　2021年度のトヨタのCRが106.1%であることからCRは改善されたといえます。しかし、財務総合政策研究所によれば、2021年度のCR（全産業・全規模）は151.8%、そのうち製造業は154.6%（全規模）となっていることから、2021年度のトヨタのCRは、製造業（全規模）より低いといえます。

　また、キャッシュ・フロー計算書上の数値を利用すると、さらに企業の短期支払能力が明らかになります。営業キャッシュ・フロー対流動負債比率は次の（13）式で表されます[14]。

$$営業CF対流動負債比率 = \frac{営業キャッシュ・フロー}{流動負債} \times 100（\%）\qquad (13)$$

2 ── 自己資本比率（ER）

　流動比率が短期支払能力を評価する際に利用できる指標であるのに対して、企業の長期支払能力や全体としての安全性を測定する指標が「自己資本比率」（Equity Ratio：ER）です。自己資本比率が高いことは有利子負債（明示的な利子の支出を必要とするもの）が少ないことを意味しています。つまり、経営の安定度が高いともいえます。自己資本比率は次の（14）式で表されます[15]。

$$自己資本比率 = \frac{自己資本}{総資産} \times 100（\%）\qquad (14)$$

　ここで、トヨタのERを見てみましょう。2022年3月期の自己資本は26,245,969百万円、総資産は67,688,771百万円です。これを（14）式にあてはめると次のようになります。

$$38.8\% = \frac{26,245,969百万円}{67,688,771百万円} \times 100（\%）\qquad (14)'$$

　2021年度のトヨタのERが37.6%であることから、安全性という面でERは改善されたといえます。しかし、財務総合政策研究所によれば、2021年度のER（全産業・全規模）は40.5%、そのうち製造業は49.4%（全規模）となっていることから、2021年度のトヨタのERは、製造業（全規模）より低いといえます。

　なお、貸借対照表上、流動比率と対となる、固定長期適合率（Fixed Assets to Fixed Liabilities and Equity Ratio）も伝統的に重視されてきた比率です。これは、固定資産を自己資本で賄えなくても長期的な負債でカバーすればよいという発想をもとにしています。この数値は、純資産＋固定負債に対する固定資産の割合を表しており、この数値が100%未満であれば自己資本＋長期的な負債でカバーできていると判断されます。固定長期適合率は、次の（15）式で表されます[16]。

$$固定長期適合率 = \frac{固定資産}{自己資本 + 固定負債} \times 100 \ （\%） \tag{15}$$

3 ── インタレスト・カバレッジ・レシオ（ICR）

　これまで取り上げた3つの指標（流動比率、自己資本比率、固定長期適合率）は、すべて貸借対照表上の財務数値を用いた安全性指標です。その一方、損益計算書上の財務数値を用いた安全性指標にインスタント・カバレッジ・レシオ（Interest Coverage Ratio: ICR）があります。ICRは、「支払わなければならない利息の何倍の利益を稼いでいるか」を示す指標です。ICRは、営業外費用に対する経常利益の割合を表しており、数値が高くなれば短期支払能力が上昇したとして、安全性が上昇したと判断されます。ICRは次の（16）式で表されます[17]。

$$ICR = \frac{営業利益 + 受取利息・受取配当金}{支払利息} \ （倍） \tag{16}$$

4 生産性分析

営利組織である企業において、「限りある資源（ヒト・モノ・カネ）の中で
どれだけの成果を上げているか」も重要な観点です。これらを判断する指標と
して、「生産性分析」が挙げられます。

1 —— 付加価値

付加価値とは、企業が購入した原材料やエネルギーに対して、新たに生み出
した価値をいいます[18]。これに対し、企業が消費した価値を「前給付費用」と
いいます。前給付費用に付加価値額を加えた額が総生産高になります。したがっ
て付加価値は、総生産高から前給付費用を控除することによって算出すること
ができます。この計算方法は控除法と呼ばれ、次の（17）式で表されます。

付加価値＝総生産高－前給付費用　　　　　（17）

付加価値の計算方法は、控除法のほかに、付加価値の構成要素に着目した加
算法があり、次の（18）式で表されます。

付加価値＝人件費＋賃借料＋税金＋他人資本利子＋当期純利益　　　　　（18）

財務省公表「年次別法人企業統計調査（令和 4 年度)」によれば、全産業の
2022年度の付加価値は317兆9,136億円（人件費214兆4,447億円＋支払利息等 7
兆1,664億円＋動産・不動産賃借料29兆3,464億円＋租税公課10兆8,576億円＋
営業純益56兆986億円）となっています。

2 —— 労働生産性

付加価値を生み出す最も重要な源泉は人間の労働であり、付加価値の金額は
まず、従業員の人数と関係付けられ、従業員 1 人当たりの付加価値額が計算さ

れます。その計算結果は労働生産性と呼ばれ、次の（19）式で表されます。

$$労働生産性 = \frac{付加価値額}{平均従業員数} \qquad (19)$$

　ROEが、ROAとFLの２つ、またはROSとTATRとFLの３つの財務比率に分解されたのと同様に、労働生産性もまた、さまざまな方法で分解することができます。この分解により、同一企業の期間比較や同業他社との期間比較により労働生産性の現状把握ができます。労働生産性を２つに分解すると、次の（20）式で表されます。

$$労働生産性 = \frac{売上高}{平均従業員数} \times \frac{付加価値額}{売上高} \qquad (20)$$

─── ★まとめ★ ───

　本章では、財務３表（損益計算書、貸借対照表、キャッシュ・フロー計算書）についてと、財務分析手法として収益性分析、安全性分析、生産性分析の３つについて説明しました。

　本章で取り上げた財務分析手法は経営戦略策定のための根拠であり、クロス・セクション分析（企業間あるいは産業間の比較）や、時系列分析を行うことによって、経営状況の把握、経営課題の抽出などを可能にします。

演習問題

①自己資本利益率（ROE）は、（　　　　　　　　　　　　　）と（
　　　　　）の２つの財務比率に分解することができる。

②総資産のうち自己資本の割合を示すのが、（　　　　　　　　　　　）である。
　その割合が高ければ（　　　　　　　　）が少ないということを意味しており、
　経営の（　　　　　）が高いともいえる。

③付加価値は、（　　　　　）＋（　　　　　　）＋（　　　　　）＋（
　　　　　）＋（　　　　　　　　　）の計算式で求められる。

④財務分析の必要性についてまとめてみましょう。

⑤本章で取り上げた財務指標（および財務分析手法）のほかに、どのようなもの
　があるかを調べてみましょう。

Column

財務分析の限界

　財務分析には、会計情報の限界と財務分析そのものの限界があります。

　まず、伊藤邦雄は会計情報には、会計情報の長所に関連して生じる限界があるとしています[19]。具体的には「会計情報は企業を簡潔に描写したものである」「会計情報は計数的に測定したものである」「現行の会計制度は、会計情報を作成する際に企業が採用する会計処理方法に一定の自由度を認めている」というものです。そして、「企業価値分析を行う際には、これら会計情報の限界に十分に配慮する必要がある」とも述べています。

　また、西山茂は、比率分析を行う場合には注意が必要であるとし、①取得原価主義、②会計方針のチェック、③財務比率は、原則として同じ業種の企業と比較することが望ましい、④企業の成長ステージ、⑤財務諸表に表れないもの、の5つを挙げています[20]。具体的には、①資産価格が大きく変動した場合に、実態と乖離した計数を示す可能性が高いこと、②経理自由の原則により、企業によって会計方針が異なること、③他社と比較する場合には同業他社との比較が望ましいこと、④企業の成長ステージによって経営戦略が異なること、⑤自社で開発したブランドや経営者・従業員の能力など、金額で測定できないものは貸借対照表に記載されないこと、が挙げられています。

　特に、③に関しては、例えば本文中でも扱った「労働生産性」は、そもそもその企業が属する産業が、資本集約型か労働集約型かによって、労働生産性は大きく異なります。よって、同業他社との比較が望ましいとなります。

　また、⑤に関しては、金額による測定ができないため、これらの資産は財務の観点からは分析できません。しかし、これらの価値ある資産は経営戦略の観点からは「競争優位の源泉」となり得るものであり、当然、自社の強みとして把握しておかなければなりません。

　このように、そもそも、会計情報はグローバル化の進展、複雑化・多様化する経済環境などに対応した網羅性の高い数値を表しているというわけではありません。また、財務分析を行う際には、対象となる企業の現状、その企業が属する業界の動向、その業界を取り巻く外部環境の変化などを念頭に置かなければなりません。

　財務分析を行う際は、以上のような限界があることを認識しなければなりません。

第13章
経営戦略と現代社会

ある日の午後

T：これまで経営戦略についていろいろと学んできたね。

A：はい。企業ごとに、さまざまな戦略がとられるのだなと思いました。

T：企業などの組織は、利害関係者のニーズを注視しながら、自社の進むべき方向を判断していかなければならないんだよ。

A：以前学んだ内容に、企業はゴーイング・コンサーンに基づいて活動しているというものがありました。経営を継続するためにも、社会の動きを察知しないといけないですね。

T：そうだね。現代社会に求められていることを的確に捉えることが、具体的な戦略の策定と実行へつながるよ。

A：経営戦略は、時代とともに変化していくものなのですか。

T：良い質問だね。その視点は、まさにこれからの経営戦略を考えるときに大事になってくるよ。結論としては、変化していく部分もあるといえるだろうね。それはなぜかというと、先ほども話したように、企業は経営戦略を考えるときに、社会や利害関係者のニーズを反映させることもあるからだよ。それらのニーズは変化し得るものだよね。だから、その時々の自社にとって適切な戦略とは何かを見極めることが必要になってくるんだ。ただし、理念やミッションのように、各企業が一貫して持ち続けるものは、あえて変えないという判断もされるよ。

A：過去と現在と未来において、ずっと同じ経営戦略が必要とは限らないということですね。

T：その通り。今後も、経営戦略の意義を考え続けていこう。

第13章

Q

現代社会に即した経営戦略とはどのようなものでしょうか？

●キーワード
□ CSR（Corporate Social Responsibility：企業の社会的責任）
□ 利害関係者（ステークホルダー）
□ ESG（Environment、Social、Governance）
□ SDGs（Sustainable Development Goals）
□ 非財務価値

1 企業の社会的責任

1 ── CSRとは何か

　現代社会における経営戦略の意義や、企業そのものの存在意義とは何でしょうか。企業は、社会を形成する経済主体の一つです。そのような重要な役割を担っている企業は、自らの行動が社会へどのような影響を与えるのかということをしっかりと認識していなければなりません。つまり、企業は常に、社会に対して責任を負っているのです。企業が社会に対して果たすべき責任のことを、**CSR（Corporate Social Responsibility：企業の社会的責任）** といいます。本節では、まず現代社会におけるCSRについて見ていくこととします。

　みなさんは「CSRとは何か」という問いに対して、どのように考えるでしょうか。学術界でも統一的な見解はなく、どこまでをCSRと捉えるのかという議論が続いています。CSRの概念は個人によって異なる可能性が高いものですが、本節では谷本寛治の定義に依拠します。

　谷本によると「CSRとは、企業活動のプロセスに社会的公正性や倫理性、環境や人権への配慮を組み込み、ステイクホルダーに対してアカウンタビリティを果たしていくこと」[1] であると定義されています[★1]。

　★1　アカウンタビリティは、会計を表す「Accounting」と責任を表す「Responsibility」の合成語であり、経営学や会計学の分野において、会計情報に関して説明し伝える義務があるという「会計説明責任」の意味で使われます。

　CSRは、コンプライアンスや倫理の問題、さらにはフィランソロピー★2活動と同じものとして理解されることがありますが、コンプライアンスは経営活動を行う際の基本であるとされているのに対し、CSRではそれらをベースに、企業の役割を考えていくことが求められます2)。よって、CSRについて議論する際には、企業の目的に立ち返る必要がありますが、企業の基本的な目的は、利益を上げることです。利益を生み出すことは、社会に対して経済的な価値を生み出すことを意味します。この経済的な価値が増大すればするほど、現代社会にとっては好影響がもたらされるものと考えられています。そのため、企業が利益を上げることによって、社会へ経済的な価値を提供するということは、経済主体として立派に責任を果たしているといえます。

　しかし、「現代社会における」CSRは、利益を上げることだけではありません。企業が果たさなければならない責任の範囲には、利益を上げるという普遍的なもの以外も含まれているのです。例えば現在では、持続可能な社会の実現に向けた取り組みが社会全体で進められていますが、持続可能な社会を実現するためには、さまざまな社会的課題を解決していかなければなりません。社会の構成要素である企業にも社会的課題を解決することが期待されているため、現代社会におけるCSRは、社会的課題の解決という点も含まれているといえるでしょう。

　また、企業が何らかの行動をすることで、多少なりとも影響を受ける人々が存在します。それが**利害関係者（ステークホルダー）**です★3。企業は、多くの利害関係者との関係を常に考慮しながら行動していかなければならず、CSR行動にも、自社とそれぞれのステークホルダーの相関関係による影響が意識されています。企業が行うすべての活動には、ステークホルダーへの説明責任が伴っているのです。

★2　寄付などの慈善活動のことをいいます。
★3　企業を取り巻くステークホルダーについては、p.14図序−1を参考にしてください。

2 —— 戦略としてのCSR

❶ 日本におけるCSRの展開

　CSRは、どのように展開されてきたのでしょうか。日本における展開は、表13-1に示されています。当時の社会背景から社会的課題をうかがい知ることができますが、企業が公害問題を引き起こした際には、地域住民というステークホルダーに対する説明責任や、公害問題を解決する責任というものが問われていました。その後も社会的課題が生じる度に、CSRが問い直されてきたということがわかります。また、社会的課題への関心が高まるにつれて、投資活動にも社会的課題への対処という観点が考慮されるようになってきました。川村雅彦によれば、2000年代にSRIファンドというものが登場しました。SRIファンドのSRIとはSocially Responsible Investmentの頭文字で、社会的責任投資という意味であり、道徳的、環境配慮的、地域貢献的など、社会の一般的な倫理観に基づいて投資をするということです。具体的なSRIファンドには「エコファンド」というものが挙げられます。

起点（1956年）：経済同友会のCSR決議	
第Ⅰ期（1960年代） 産業公害に対する企業不信・企業性悪説	➡ 住民運動の活発化、現場での個別対応
第Ⅱ期（1970年代） 石油ショック後の企業の利益至上主義批判	➡ 企業の公害部新設、利益還元の財団設立
第Ⅲ期（1980年代） カネ余りとバブル拡大、地価高騰	➡ 企業市民としてのフィランソロピー、メセナ
第Ⅳ期（1990年代） バブル崩壊と企業倫理問題、地球環境問題	➡ 経団連憲章の策定、地球環境部の設置
第Ⅴ期（2000年代） 相次ぐ企業不祥事、ステークホルダーの台頭	➡ SRIファンドの登場、CSR組織の創設 ➡ 2003年は「CSR経営元年」

表13-1　日本におけるCSRの時代区分

注　：「メセナ」は文化や芸術等に対する支援活動のことをいいます。
出典：川村雅彦（2009）「日本におけるCSRの系譜と現状」https://www.nli-research.co.jp/files/topics/38077_ext_18_0.pdf?site=nli　p.25　（2023年12月1日閲覧）

❷ CSVの概念

　このような変遷の中で、2011年にはポーター（Porter, M. E.）とクラマー（Kramer, M. R.）がCSV（Creating Shared Value）という概念を提唱しました。CSVとは「共通（共有）価値の創造」を意味し、経済的価値と社会的価値の両方を同時に追求し創造する姿勢が重要だと主張するものです。経済的価値は利益などを指し、社会的価値は社会にとって有意義な価値を指します。社会的価値は経済的価値よりも概念範囲が広いと考えられるため、定義についてはさまざまな捉え方があります。またポーターらは、社会的課題を解決していく担い手は誰なのかという問いに対して、政府、企業、一般市民の行動について言及しています。

　CSVの概念が提唱された背景には、受動的CSRから戦略的CSRへの移行という考え方があります。ポーターはこの流れにおいて、CSRを戦略の一環として捉えました。ポーターが意味するところの戦略的CSRとは、企業は本業と無関係の分野ではなく、本業でシナジー効果を得られる分野においてCSR活動を行う方が望ましいというものです。ここでは、CSR活動とは単発的な慈善活動だけではなく、企業活動全般であり、継続的に利益を生み出す可能性を有するものであると認識されています。

　これまでCSR活動と本業は区別されていましたが、本業の中にCSR活動を組み込むことで、CSR活動も利益を生み出すことができるという認識が広がりつつあります。どのような影響をもたらせば利益が生まれるのかを考えながらCSR活動を行うことが重要であり、それも経営戦略なのです。

　企業が本業と直結する活動によって利益を上げて、経済的な価値を社会へ還元することができるのであれば、それは結果として社会に貢献したと見なすことができるでしょう。このように、現代社会のCSRと経営戦略は関連しているものであると考えられます。

3 ── ESGの潮流

また近年では、世界的にESGの視点というものが重要視されてきており、企業にもESGの視点を取り入れた経営が求められるようになっています。そして、それらの視点を投資の判断に組み込む「ESG投資」も世界で増加しています。

ESGとは、環境（Environment）、社会（Social）、ガバナンス（Governance）の英語の頭文字です。例えば、環境の視点にはエネルギー消費や廃棄物処理、社会の視点には人権やジェンダー、ガバナンスの視点には取締役会や情報開示などの課題が含まれています。

ESGに示されるこれらの課題は、大半が短期間では解決できるものではないため、長期的なものの見方が必要となります。またESGには、「持続可能な開発」というキーワードが密接に関わってきます。どのような経緯でESGが企業経営にも重要となってきたのか、その背景を概観していきましょう。

「持続可能な開発」という言葉が初めて登場したのは、1987年に国連のブルントラント委員会が発表した『我ら共有の未来』という報告書の中です。そこで「将来の世代のニーズを満たす能力を損なうことなく、今日の世代のニーズを満たすような開発」と定義されました。換言すれば、現在でも将来でも、社会のニーズに対応できるようにするということで、ニーズに対応する能力を現在の社会で使い切ってしまうことなく、将来の社会の分も残しておくようにするという意味だと考えられます。

ESGのEの部分に該当する環境問題に関する会議は、これまでいろいろな場面で行われてきました。地球規模の課題に関する条約が締結されてきた中で、企業と社会と環境の関係は変化してきました。

具体的には、1980年代までは、公害が社会問題となった時期でもあり、環境関連の法規制が整備されるなど、企業にもそれに対応していくことが求められるようになりました。この時期の企業の責任は、法令遵守やリスク管理が中心となっていました。また、企業と社会、環境はそれぞれが独立した存在であり、環境や社会への配慮は企業活動の際のコストでしかないと考えられていました。

しかし、その後1990年以降は、企業と社会、環境は互いに関係し合って存在

しているものという認識のもとで、企業の社会的責任の範囲は拡大していき、トリプルボトムラインの考え方も用いられるようになりました。ボトムラインとは損益計算書の一番下の部分を示すものであり、企業活動の最終的な結果としての当期純利益がこれに相当します。企業はボトムラインによっても評価され得るものですが、トリプルボトムラインとは企業評価の際に、環境、経済、社会の３つも判断基準としようとする考え方です。

　そして現在は、企業活動の前提条件が環境や社会であって、これらの変化に対応していくことが企業にとって必要になるという認識が一般的になってきました。現代社会の企業は、環境、社会との関係性から、社会での役割と、どのような価値を提供できるのかを考えていくことが重要なのです。

2 経営戦略とSDGs

1 ── SDGsとは何か

　SDGsに関してはあらゆる場面で耳にする機会があるでしょう。今日では企業単位の目標にとどまらず、個人でも取り組むように推進されています。

　SDGsの内容は図13-1の通りです。それぞれの目標は、環境（目標6、13、14、15）、社会（目標1、2、3、4、5、7、11、16）、経済（目標8、9、10、12）の区分で、これらの上に目標17が位置づけられています[4]。

　SDGsは突然登場した概念ではなく、2015年の採択までに、環境問題などを中心とした社会の持続性に関する議論が続けられてきました。それは1970年のローマクラブの発足時までさかのぼることができます。その後、1972年の国連人間環境会議、1992年の国連環境開発会議などを経て、2000年にミレニアム開発目標（MDGs）が採択されました。このMDGsがSDGsの前身であるといわれています。SDGsには、MDGsで達成できなかった目標を検討したうえで、

★4　17のゴール（目標）とその目標に対する169のターゲットが示されています。

図13−1　17のSDGs

出典：国連広報センターWebサイト

　現代社会における喫緊の社会的課題が内包されているのです。そして、企業においても積極的に取り組むことが求められています。

　SDGsへの理解を深めるためのポイントとして、1つの目標を達成するためには、それに関連する周りの課題にも対応していかなければならないということがいえます。それぞれの目標は独立しているわけではなく、互いに関連し合っているという点に留意してください。社会というのは地域の集合体であるため、地域ごとに行動しなければ社会全体の発展にはつながらないということが理解できます。

　一見すると世界全体の大きな目標であり、遠い国の問題が含まれているようにも感じられますが、個人や地域単位の活動は決して無意味なものではなく、先進国や開発途上国といった区分も関係ない共通の目標が、現在のSDGsであると考えられます。

2 ── 戦略における非財務価値

　本章で学んできたCSR、ESG、SDGsは、企業が社会的課題に取り組むことの意義とともに、企業が創造する価値について考える機会を与えています。企

業価値と呼ばれるものは、財務価値（財務諸表に記載されるもの）と、非財務価値（財務諸表に記載されないもの）から成り立っています。

　企業は利益などの財務価値だけでなく、ほかにも非財務価値を創造することができる主体であり、企業によって創造された価値が、社会的課題を解決するかもしれません。そのため、企業が創造できる価値を最大限に活用することをふまえた経営戦略の策定や実行が不可欠なのです。

　ここで、実際の企業がどのようにCSRやESG、さらにはSDGsに関連する非財務価値の創造を意識した戦略を策定しているのか、事例を紹介します。

❶ サントリーグループのサステナビリティ

　サントリーホールディングス株式会社（以下「サントリー」）は、①食品、②スピリッツ、③ビール、④ワイン、⑤ウエルネス、⑥外食・加食・花・サービス関連、⑦機能会社、⑧研究開発事業を展開している会社です。食品等は、私たちが持続的に生きていくために欠かせないものです。それらを扱うサントリーは、どのようにサステナビリティを捉えているのでしょうか。特に同社の主力商品の一つである「天然水」は、有限の資源であるといえます。限りある資源を利用した活動では、誰に（何に）、どのくらい配分するのか、ステークホルダー間における適切な量の配分の調整が問われます。社会全体で持続可能な社会を実現させるために、サントリーはどのように対応しているのか、以下でその方針を見ていきましょう。

❷ サントリーが考えるサステナビリティ経営

　サントリーの企業理念を見てみると、Our Purpose（目的）とOur Values（価値観）が掲げられています。サントリーは、有限資源に支えられているため、自然環境を守りながらそれを活用していく、共存という視点を強調しています。さらにSDGsとの関連では、自社が特に重点的に取り組むべき課題（マテリアリティ）を特定し、中長期的目標を設定しています。企業がSDGsを達成するためには、ステークホルダーとの利害調整をふまえ、自社が取り組むべき課題を明確にしたうえで、経営戦略と関連させていくことが重要であるということ

が読み取れます。

　サントリーの有価証券報告書を見ると、グローバルな事業展開をしている企業として、グループ全体でリスクに対応していかなければならない責任があるということがわかります。サントリーは、同社が定める「サステナビリティ・ビジョン」の「サステナビリティに関する7つのテーマ」である、水、CO_2、原料、容器・包装、健康、人権、生活文化を長期戦略に関連させています。サントリーのこのようなサステナビリティ戦略は、持続的な企業活動と価値の創造のために策定され、今後も実行されていくということです。さらに、ステークホルダーに対する説明責任を果たすために、最新の取り組みが同社のウェブサイトで発信されています。

　企業が行う活動は、自社の経営理念や独自性に基づくものでもあるため、企業ごとに優先する内容も変わってきます。しかし、持続可能な社会の実現を目指すという点が、現代社会の企業経営に共通していることなのです。

── ★まとめ★ ──

　本章では、主に CSR、ESG、SDGs と経営戦略の関連について学びました。

　企業は、ステークホルダーとの関係の中で経営を行っているため、ステークホルダーを意識した行動が重要になります。したがって、企業行動の指針にもなり得る経営戦略にも、ステークホルダーへの配慮が必要だということがいえるでしょう。ゴーイング・コンサーンとして社会に存在する企業は、社会に対して自らの行動に責任を持たなければならないのです。

　また現代社会には、社会全体で解決しなければならない社会的課題が多く存在していることも理解しました。企業には、企業活動によって、社会的課題を解決へ導くことが期待されています。現代社会に即した経営戦略とは、現在の社会のニーズに対応するものであると考えられるでしょう。

演習問題

①（　　　　　）とは、「共通（共有）の創造」を意味し、経済的価値と社会的価値の両方を同時に追求し創造する姿勢が重要だと主張されるものをいう。

②環境、社会、ガバナンスの視点を取り入れた投資のことを（　　　　　）投資という。

③企業価値には（　　　　　）と（　　　　　）が含まれている。

④実際の企業のCSRやESG活動について調べてみましょう。

⑤あなたの興味がある業界の企業と同業社を取り上げて、それぞれの企業のSDGsへの取り組みを比較してみましょう。

Column

SDGsウォッシュとCSR

　現在では、あらゆる企業の取り組みにおいてSDGsの文言が添えられています。SDGsを目にする機会が増えると、おのずと世間も関心を持つようになります。

　世界全体の方向性の一つとしてのSDGsですが、SDGsが当然のこととして認知されるようになってくると、少しでもSDGsに関連していない活動は無意味であるとされ、排除されてしまう懸念も生じます。世論は企業活動に大きな影響を及ぼすため、企業は、社会の傾向を注視しながら存続しようとします。SDGsが一般的に有意義であるとすると、大衆はSDGsやESGに配慮した企業は「良い企業」だと判断し、できるかぎりSDGsに注力している企業の製品やサービスを購入することにつながるとも考えられます。その結果、企業の利益の増大にも結び付く可能性があります。そのようなとき、SDGsは企業の利益を生み出すビジネスチャンスであると見なされ、SDGsの取り組みをいかにアピールするかが企業戦略の焦点にもなり得ます。しかし、SDGsを過剰に意識し、一部分に固執し過ぎることは、不正の原因にもなりかねません。

　1980年代に、環境という意味の「green」と、ごまかしという意味の「whitewash」を合わせた造語として「グリーンウォッシュ」という言葉が登場しました。これは環境に配慮しているとしながらも、実際には悪影響を与えていた企業が存在したためです。同様に現在では、SDGsに取り組んでいるように見せかけたり、虚偽報告をしたりすることを表す「SDGsウォッシュ」という言葉があります。これらはどちらも企業の不正を指摘する用語であるといえるでしょう。

　SDGsもCSRも、本来は倫理観に基づくものであるため、SDGsのために不正を行うことは本末転倒です。グリーンウォッシュやSDGsウォッシュという言葉は、「なぜ企業不正がなくならないのか」という問いを再考する契機でもあると考えられます。

　現代社会の社会的な課題は、複雑に絡み合う要因によって引き起こされます。企業はステークホルダーから今後ますます厳しい目で見られていくと考えられるため、それぞれの企業には経済的価値と社会的価値を両立させる経営戦略がより一層求められるでしょう。つまり、より良い社会の実現にいかに貢献していくかが企業としての価値に大きな影響を及ぼすのです。

◆ 引用・参考文献 ◆

【引用文献】

序　章

1）伊丹敬之・加護野忠男（2003）『ゼミナール経営学入門（第3版）』日本経済新聞出版社　p.23

2）前掲書1）　p.25

3）村松明編（2019）『大辞林（第4版）』三省堂　p.1558

4）前掲書3）　p.1545

第1章

1）日本マクドナルド株式会社ホームページ「レストラン・ビジネスの考え方」
　　https://www.mcdonalds.co.jp/company/outline/rinen/（2023年10月1日閲覧）

2）株式会社モスフードサービスホームページ「経営方針」
　　https://www.mos.co.jp/company/outline/philosophy/（2023年10月1日閲覧）

3）前掲2）

4）株式会社モスフートサービス「MOS REPORT（モスグループ統合報告2023）」pp.15-16
　　https://www.mos.co.jp/company/csr/report/（2023年10月1日閲覧）

5）株式会社モスフードサービスホームページ「モスをつくった人」
　　https://www.mos.jp/omoi/4/（2023年10月1日閲覧）

6）株式会社モスフードサービスホームページ「食を通じて人を幸せにする モスバーガーの理念経営」p.8
　　https://daiwair.webcdn.stream.ne.jp/www11/daiwair/qlviewer/pdf/20020881534ska2.pdf（2023年10月1日閲覧）

7）株式会社モスフードサービス「中期経営方針」
　　https://www.mos.co.jp/company/ir/business_policy/kadai/（2023年10月1日閲覧）

8）伊丹敬之・加護野忠男（2003）『ゼミナール経営学入門（第3版）』日本経済新聞社　p.349

9）日経BPコンサルティング・周年事業ラボ「世界の長寿企業ランキング」
　　https://consult.nikkeibp.co.jp/shunenjigyo-labo/survey_data/I1-06/（2023年10月1日閲覧）

10）田久保善彦「長寿企業の秘訣は変化の緩やかな領域で戦うこと」
　　https://globis.jp/article/1420（2023年10月1日閲覧）

第2章

1）P. コトラー・G. アームストロング・恩藏直人（2014）『コトラー、アームストロング、恩藏のマーケティング原理』丸善出版　p.416

2）青島矢一著・榊原清則監修（2022）『＜はじめての経営学＞経営学入門』東洋経済新報社　p.115

第 3 章

1 ）沼上幹(2008)『わかりやすいマーケティング戦略（新版)』有斐閣　p.177

2 ）W・チャン・キム、レネ・モボルニュ（有賀裕子訳）(2005)『ブルー・オーシャン戦略』ランダムハウス講談社　p.20

第 4 章

1 ）沼上幹(2009)『経営戦略の思考法—時間展開・相互作用・ダイナミクス—』日本経済新聞出版社　p.94

2 ）Barney, J. B.（1991）"Firm Resource and Sustained Competitive Advantage", *Journal of Management*, Vol.17,（1）, pp.99-120.

3 ）十川廣國(2006)『経営戦略論』中央経済社　pp.79-80

4 ）M. E. ポーター（土岐坤・中辻萬治・服部照夫訳）(1982)『競争の戦略』ダイヤモンド社　p.i

5 ）前掲書 2 ）　pp.99-120.

6 ）前掲書 1 ）　p.91

第 5 章

1 ）加護野忠男・井上達彦(2004)『事業システム戦略—事業の仕組みと競争優位—』有斐閣　p. 7

第 7 章

1 ）東北大学経営学グループ(2008)『ケースに学ぶ経営学（新版)』有斐閣　p.92

2 ）嶋田毅監修、グロービス・マネジメント・インスティチュート編(2003)『MBA 定量分析と意思決定』ダイヤモンド社　p.186

3 ）清水勝彦(2007)『戦略の原点』日経BP社　p.137

4 ）Rumelt, R. P.（1974）Strategy, Structure, and Economic Performance, Harvard Business School Press, pp.30-32.（鳥羽欽一郎・山田正喜子・川辺信雄・熊沢孝訳（1977）『多角化戦略と経済成果』東洋経済新報社）

5 ）株式会社ヤマダホールディングス「2023年 3 月期第 2 四半期 決算説明会資料」2022年11月 7 日
https://www.yamada-holdings.jp/ir/presentation/2022/221107_ 1 .pdf(2023年 4 月 3 日閲覧)

6 ）株式会社セブン＆アイ・ホールディングス「中期経営計画 2021-2025」2021年 7 月 1 日
https://www. 7 andi.com/company/middleplan/?intpr=HP_company_medium-term(2023年 4 月 3 日閲覧)

7 ）M. E. ポーター(1987)「競争優位戦略から総合戦略へ」『DIAMONDハーバード・ビジネス』1987年 8 - 9 月号　pp.69-88

8 ）伊丹敬之・加護野忠男(2003)『ゼミナール経営学入門（第 3 版)』日本経済新聞出版社

p.349

9 ）前掲書 2 ）　pp.148-149

10）前掲書 7 ）　p.73

11）前掲書 7 ）　p.72

第 8 章

1 ）Singh, H.（1993）"Challenges in Researching Corporate Restructuring", *Journal of Management Studies*, Vol. 30,（ 1 ）, p.147.

2 ）村松司叙・宮本順二朗(1999)『企業リストラクチャリングとM&A』同文舘出版　pp.21-29

3 ）同上書 2 ）p.10

4 ）小沼靖(2002)『日本企業型グループ・リストラクチャリング―企業価値創造のための投資と撤退のマネジメント―』ダイヤモンド社　p.40-66

5 ）前掲書 2 ）p.21

第10章

1 ）清水洋(2022)『イノベーション』有斐閣　p. 3

2 ）Tushman, M. L. and O'Reilly III, C. A.（2002）. *Winning through innovation: A practical guide to leading organizational change and renewal [with a new preface by the authors]*. Harvard Business School Press, p.ix.

3 ）柴田友厚・児玉充・鈴木潤(2017)「二刀流組織からみた富士フイルムの企業変貌プロセス」『赤門マネジメント・レビュー』16巻 1 号　pp. 6 - 8

4 ）March, J. G.（1991）Exploration and Exploitation in Organizational Learning. *Organization Science*, Vol. 2 ,（ 1 ）, p.73.

5 ）C. A. オライリー・M. L. タッシュマン（入山章栄監修・冨山和彦解説・渡部典子訳）(2022)『両利きの経営 （増補改訂版） ―「二兎を追う」戦略が未来を切り開く―』東洋経済新報社　pp.146-147

6 ）米倉誠一郎(2015)「経営革命： イノベーション遂行者としての企業家 （アントルプルヌア）」『学術の動向』20巻11号　pp.67-68

第11章

1 ）内田彬浩・林高樹(2018)「クラウドファンディングによる資金調達の成功要因―実証的研究と日米比較―」『赤門マネジメント・レビューゲ』 17巻 6 号

第12章

1 ）伊藤邦雄(2021)『企業価値経営』日本経済新聞出版　p.64、西山茂(2006)『企業分析シナリオ （第 2 版)』東洋経済新報社　pp.58-63

2）伊藤邦雄(2021)『企業価値経営』日本経済新聞出版　p.36

3）齋藤真哉(2020)『現代の会計』放送大学教育振興会　p.54

4）同上書3）　p.54

5）伊藤邦雄(2021)『企業価値経営』日本経済新聞出版　p.127、西山茂(2006)『企業分析シナリオ（第2版）』東洋経済新報社　pp.170-180

6）前掲書2）　p.108

7）財務総合政策研究所「法人企業統計調査からみえる企業の財務指標」（2023年4月）https://www.mof.go.jp/pri/reference/ssc/zaimu/index.htm（2023年10月1日閲覧）

8）秋葉賢一(2018)『エッセンシャルIFRS（第6版）』中央経済社　p.51

9）前掲書2）　p.111

10）伊藤邦雄(2021)『企業価値経営』日本経済新聞出版　p.122、p.204、桜井久勝(2020)『財務諸表分析（第8版）』中央経済社　pp.180-182

11）前掲書2）　p.112

12）伊藤邦雄(2021)『企業価値経営』日本経済新聞出版　p.114、大津広一(2009)『戦略思考で読み解く経営分析入門―12の重要指標をケーススタディで理解する―』ダイヤモンド社　pp.146-151

13）前掲書2）　p.118

14）前掲書2）　p.119

15）前掲書2）　p.119

16）伊藤邦雄(2021)『企業価値経営』日本経済新聞出版　p.120、大津広一(2005)『企業価値を創造する会計指標入門―10の代表指標をケーススタディで読み解く―』ダイヤモンド社　pp.206-210

17）前掲書2）　p.121

18）前掲書2）　p.196

19）前掲書2）　pp.89-90

20）西山茂(2006)『企業分析シナリオ（第2版）』東洋経済新報社　pp.249-250

第13章

1）谷本寛治(2006)『CSR―企業と社会を考える―』NTT出版　p.59

2）前掲書1）　p.66

【参考文献】

序　章

・伊丹敬之・加護野忠男（2003)『ゼミナール経営学入門（第3版)』日本経済新聞社

・見吉英彦編(2020)『基礎からの経営学』みらい

第1章

・伊丹敬之・加護野忠男(2003)『ゼミナール経営学入門（第3版)』日本経済新聞社

・見吉英彦編(2020)『基礎からの経営学』みらい

第2章

・青島矢一著・榊原清則監修(2022)『＜はじめての経営学＞経営学入門』東洋経済新報社

・伊丹敬之・加護野忠男(2022)『ゼミナール経営学入門（新装版)』日本経済新聞出版

・大前研一（田口統吾・湯沢章伍訳）(1984)『ストラテジック・マインド—変革期の企業戦略論—』プレジデント社

・長内厚・水野由香里・中本龍市・鈴木信貴(2021)『イノベーション・マネジメント』中央経済社

・延岡健太郎(2002)『製品開発の知識』日本経済新聞社

・延岡健太郎(2011)『価値づくり経営の論理』日本経済新聞出版社

・原拓志・宮尾学編(2017)『技術経営』中央経済社

・見吉英彦編(2020)『基礎からの経営学』みらい

・P. コトラー・G. アームストロング・恩藏直人(2014)『コトラー、アームストロング、恩藏のマーケティング原理』丸善出版

・P. コトラー・K. L. ケラー（恩藏直人監修・月谷真紀訳）(2014)『コトラー＆ケラーのマーケティング・マネジメント（第12版)』丸善出版

第3章

・青島矢一・加藤俊彦(2012)『競争戦略論（第2版)』東洋経済新報社

・網倉久永・新宅純二郎(2011)『経営戦略入門』日本経済新聞出版社

・沼上幹(2008)『わかりやすいマーケティング戦略（新版)』有斐閣

・沼上幹(2009)『経営戦略の思考法—時間展開・相互作用・ダイナミクス—』日本経済新聞出版社

・経営戦略学会編(2023)『キーワードからみる 経営戦略ハンドブック』同文舘出版

・W・チャン・キム、レネ・モボルニュ（有賀裕子訳）(2005)『ブルー・オーシャン戦略』ランダムハウス講談社

・M. E. ポーター（土岐坤・中辻萬治・小野寺武夫訳）(1985)『競争優位の戦略—いかに高業績を持続させるか—』ダイヤモンド社

第4章

・青島矢一・加藤俊彦(2012)『競争戦略論（第2版)』東洋経済新報社

・網倉久永・新宅純二郎(2011)『経営戦略入門』日本経済新聞出版社

・亀川雅人監修、粟屋仁美・大野和巳・小野瀬拡・羽田明浩編(2022)『ストーリーのない経営学の教科書—経営学言葉辞典—』文眞堂

・ゲイリー・ハメル、C・K・プラハラード（一條和生訳）(2001)『コア・コンピタンス経営—未来への競争戦略—』日本経済新聞出版社

・十川廣國(2006)『経営戦略論』中央経済社

・沼上幹(2008)『わかりやすいマーケティング戦略（新版）』有斐閣

・沼上幹(2009)『経営戦略の思考法—時間展開・相互作用・ダイナミクス—』日本経済新聞出版社

・Barney, J. B.（1991）"Firm resource and Sustained Competitive Advantage", *Journal of Management*, Vol.17,（1）, pp.99-120.

・Leonard-Barton, D. A.（1992）"Core capabilities and core rigidities: A paradox in managing new product development", *Strategic Management Journal*, Vol.13（S1）, pp.111-125.

・M. E. ポーター（土岐坤・中辻萬治・服部照夫訳）(1982)『競争の戦略』ダイヤモンド社

・ヘンリー・ミンツバーグ、ブルース・アルストランド、ジョセフ・ランペル（齊藤嘉則監訳、木村充・奥澤明美・山口あけも訳(1999)『戦略サファリ—戦略マネジメント・ガイドブック—』東洋経済新報社

・Teece, D. J.（2007）"Explicating dynamic capabilities: The nature and microfoundations of（sustainable）enterprise performance", *Strategic Management Journal*, Vol.28, pp.1319-1350.

・Teece, D. J., Pisano, G. and Shuen, A.（1997）"Dynamic capabilities and strategic management", *Strategic Management Journal*, Vol.18, pp.509-533.

第5章

・井上達彦・真木圭亮(2010)「サービスエンカウンタを支えるビジネスシステム—公文教育研究会の事例—」『早稲田商学』第426号　pp.175-221

・加護野忠男・井上達彦(2004)『事業システム戦略—事業の仕組みと競争優位—』有斐閣

・アレックス・オスターワルダー・イヴ・ピニュール（小山龍介訳）(2012)『ビジネスモデル・ジェネレーション　ビジネスモデル設計書』翔泳社

第6章

・D. F. エーベル（石井淳蔵訳）(2012)『[新訳] 事業の定義—戦略計画策定の出発点—』碩学舎

・E. M. ロジャーズ（三藤利雄訳）(2007)『イノベーションの普及』翔泳社

・G. A. ムーア（川又政治訳）(2002)『キャズム—ハイテクをブレイクさせる「超」マーケティング理論—』翔泳社

・M. E. ポーター・M. R. クラマー(2011)「共通価値の戦略」（編集部訳）『ハーバード・ビジ

ネス・レビュー』2011年6月号　ダイヤモンド社　pp. 8 -31

・沼上幹(2000)『わかりやすいマーケティング戦略』有斐閣

・P. ウルリッヒ（松田千恵子訳）(2022)『全社戦略　グループ経営の理論と実践』ダイヤモンド社

第7章

・淺羽茂(2004)『経営戦略の経済学』日本評論社

・石井淳蔵・奥村博・加護野忠男・野中郁次郎(1996)『経営戦略論（新版)』有斐閣

・伊丹敬之・加護野忠男(2003)『ゼミナール経営学入門（第3版)』日本経済新聞出版社

・清水勝彦(2007)『戦略の原点』日経BP社

・セブン＆アイ・ホールディングス「2023年2月期有価証券報告書」

・ソニーグループ「2022年度有価証券報告書」

・ソニーグループポータル「AIで音楽ビジネスを変える、ソニーのグループシナジーに迫る。」https://www.sony.com/ja/SonyInfo/Jobs/DiscoverSony/articles/202106/career_forum 2 /(2023年9月29日閲覧)

・ソニーグループポータル「ソニーグループについて」https://www.sony.com/ja/SonyInfo/CorporateInfo/(2023年9月29日閲覧)

・ソニー製品情報・ソニーストア「Xperiaで迫力の映像体験を！ブラビアの技術が生きたディスプレイの魅力を解説」https://www.sony.jp/feature/owner/xperia/xperia_owner_display_lp/(2023年9月29日閲覧)

・ダスキン「2023年3月期有価証券報告書」

・土屋守章(1984)『企業と戦略―事業展開の論理―』日本リクルートセンター出版部

・東北大学経営学グループ(2008)『ケースに学ぶ経営学（新版)』有斐閣

・日本経済新聞「ソニー、エンタメ軸に成長、米ファンドの分離案拒否、ハードとソフト、スマホで融合」2013年8月7日

・日本経済新聞「最高益も市場は低評価、ソニー時価総額、ピークの半分、多種の事業、投資家好まず」2019年5月8日

・日本経済新聞「復活ソニー、改革圧力再び、米ファンド、半導体を分離要求、続くスマホ不振、株価低迷招く」2019年6月15日

・日本経済新聞「ソニー社長『事業多様性は強み』、複合経営批判に反論」2019年9月19日

・見吉英彦編(2020)『基礎からの経営学』みらい

・ヤマダホールディングス「2023年3月期有価証券報告書」

・吉原英樹・佐久間昭光・伊丹敬之・加護野忠男(1981)『日本企業の多角化戦略―経営資源アプローチ―』日本経済新聞出版社

・H. I. アンゾフ（広田寿亮訳）(1969)『企業戦略論』産業能率短期大学出版部

・H. I. アンゾフ（中村元一・黒田哲彦訳）(1990)『最新・戦略経営―戦略作成・実行の展開とプロセス―』産能大学出版部

・Xperia（エクスペリア）ホーム「『PSリモートプレイ』の使い方」https://www.sony.jp/xperia/myxperia/howtoxperia/game/c 1 - 1 .html（2023年 9 月29日閲覧）

・Xperia（エクスペリア）ホーム「Xperia 5 IV カメラ」https://www.sony.jp/xperia/xperia/xperia 5 m 4 /camera.html（2023年 9 月29日閲覧）

第 8 章

・網倉久永・新宅純二郎（2011）『経営戦略入門』日本経済新聞出版社

・ジャック・ウェルチ、ジョン・A. バーン（宮本喜一訳）（2001）『ジャック・ウェルチ わが経営（上・下）』日本経済新聞社

・沼上幹（2008）『わかりやすいマーケティング戦略（新版）』有斐閣

・The Boston Consulting Group（1970）"The Product Portfolio" https://web-assets.bcg.com/img-src/BCG_The_Product_Portfolio_tcm 9 -139921.pdf（2023年 4 月 4 日閲覧）

・見吉英彦編（2020）『基礎からの経営学』みらい

・村松司叙・宮本順二朗（1999）『企業リストラクチャリングとM&A』同文舘出版

第 9 章

・Gerds, J. & Schewe, G.（2004）*"Post Merger Integration: Unternehmenserfolg durch Integration Excellence"*, 1 st ed. Berlin, Heidelberg: Springer.

・Kitching, J.（1974）"Winning and Losing With European Acquisitions", *Harvard Business Review*, 52, pp.124–136.

・酒井康之（2021）『M&Aにおける従業員重視経営の罠―日本的経営がもたらす価格競争―』中央経済社

・田澤拓也（1991）「住友銀行人事第 2 部―旧平和相互銀行員25人の証言と軌跡―」アイペックプレス

・古瀬公博（2011）『贈与と売買の混在する交換―中小企業M&Aにおける経営者の葛藤とその解消プロセス―』白桃書房

・Roll, R.（1986）"The hubris hypothesis of corporate takeovers". *Journal of Business*, 59,（ 2 ）, pp.205-216.

第10章

・清水洋（2023）『イノベーションの考え方』日本経済新聞出版

・一橋大学イノベーション研究センター編（2022）『イノベーション・マネジメント入門（新装版）』日本経済新聞出版

・牧兼充（2022）『イノベーターのためのサイエンスとテクノロジーの経営学』東洋経済新報社

・榊原清則（2005）『イノベーションの収益化―技術経営の課題と分析―』有斐閣

・伊神満（2018）『「イノベーターのジレンマ」の経済学的解明』日経BP社

第11章

- 石野雄一(2007)『ざっくり分かるファイナンス―経営センスを磨くための財務―』光文社
- 板倉雄一郎(1998)『社長失格―ぼくの会社がつぶれた理由―』日経BP社
- グロービス経営大学院編(2009)『新版　グロービスMBAファイナンス』ダイヤモンド社
- グロービス経営大学院編(2017)『新版　グロービスMBA経営戦略』ダイヤモンド社

第12章

- 秋葉賢一(2018)『エッセンシャルIFRS（第6版）』中央経済社
- 伊藤邦雄(2021)『企業価値経営』日本経済新聞出版
- 大津広一(2005)『企業価値を創造する会計指標入門―10の代表指標をケーススタディで読み解く―』ダイヤモンド社
- 大津広一(2009)『戦略思考で読み解く経営分析入門―12の重要指標をケーススタディで理解する―』ダイヤモンド社
- 大津広一(2012)『英語の決算書を読むスキル―海外企業のケーススタディで基礎と実践をおさえる―』ダイヤモンド社
- 齋藤真哉(2020)『現代の会計』放送大学教育振興会
- 桜井久勝(2020)『財務諸表分析（第8版）』中央経済社
- 櫻井通晴(2019)『管理会計（第7版)』同文舘出版
- 醍醐聰(1995)『時価評価と日本経済』日本経済新聞社
- 西山茂(2006)『企業分析シナリオ（第2版)』東洋経済新報社

第13章

- 谷本寛治(2006)『CSR企業と会社を考える』NTT出版
- 谷本寛治(2020)『企業と社会―サステナビリティ時代の経営学―』中央経済社
- 日経エコロジー編（2017)『ESG経営―ケーススタディ20―』日経BP社
- 見吉英彦編(2020)『基礎からの経営学』みらい
- Porter, M. E. and Kramer, M. R.（2011)"Creating Shared Value", *Harvard Business Review*, Vol.89,（1-2）.
- PwC Japanグループ(2019)「コーポレートサステナビリティ―日本企業の長期的な価値創造に向けて―」
https://www.pwc.com/jp/ja/knowledge/thoughtleadership/2019/assets/pdf/corporate-sustainability1907.pdf(2023年12月1日閲覧)
- サントリーホールディングス株式会社「2022（令和4年）12月期 第14有価証券報告書」
https://www.suntory.co.jp/company/financial/pdf/securities_202212.pdf
（2023年12月5日閲覧）

序　章
①全社戦略（企業戦略）、事業戦略（競争戦略）、機能別戦略
②外部環境要因、内部環境要因
③強い主観が入る、競合の設定次第

第1章
①価値観、姿勢、目的、存在意義、役割
②顧客、顧客機能・価値、技術・手段
③組織文化の機能

第2章
①市場
②顕在的、潜在的
③顧客志向

第3章
①コスト・リーダーシップ戦略
②差別化戦略
③集中戦略

第4章
①ケイパビリティ
②コア・コンピタンス
③ダイナミック・ケイパビリティ

第5章
①ビジネスシステム
②製品・サービス、仕組み
③有効性、効率性、模倣困難性、持続可能性、発展可能性

第6章
①企業の存在意義
②企業の将来のあるべき姿
③多角化、導入、成長、成熟、衰退

第7章
①成長マトリックス
②シナジー効果
③本業中心

第8章
①リストラクチャリング
②PPM
③戦略経営

第9章
①水平統合
②規模の経済性
③アライアンス（戦略的提携）

第10章
①経済的価値
②イノベーターのジレンマ
③探索、深化

第11章
①直接融資
②資本
③純資産

第12章
①総資産利益率（ROA）、財務レバレッジ（FL）
②自己資本比率（ER）、有利子負債、安定度
③人件費、賃借料、税金、他人資本利子、当期純利益

第13章
①CSV
②ESG
③財務価値、非財務価値

Index